México bordado

Editorial Gustavo Gili, SL
Via Laietana 47, 3º2º, 08003 Barcelona, España. Tel. (+34) 933228161
www.ggili.com

México bordado
De la tradición al punto contemporáneo

Gimena Romero
Fotografías de **Pedro Aragón**

Fotografía: Pedro Aragón
Revisión técnica: Señorita Lylo
Diseño gráfico: Toni Cabré/Editorial Gustavo Gili, SL

1ª edición, 5ª tirada, 2020

Cualquier forma de reproducción, distribución, comunicación pública o transformación de esta obra solo puede ser realizada con la autorización de sus titulares, salvo excepción prevista por la ley. Diríjase a Cedro (Centro Español de Derechos Reprográficos, www.cedro.org) si necesita fotocopiar o escanear algún fragmento de esta obra.

La Editorial no se pronuncia ni expresa ni implícitamente respecto a la exactitud de la información contenida en este libro, razón por la cual no puede asumir ningún tipo de responsabilidad en caso de error u omisión.

Del texto: © Gimena Romero, 2017
De la fotografía © Pedro Aragón, 2017
© Editorial Gustavo Gili, SL, Barcelona, 2017

Printed in Spain
ISBN: 978-84-252-2938-1
Depósito legal: B. 15320-2017
Impresión: Gráficas 94, Sant Quirze del Vallès (Barcelona)

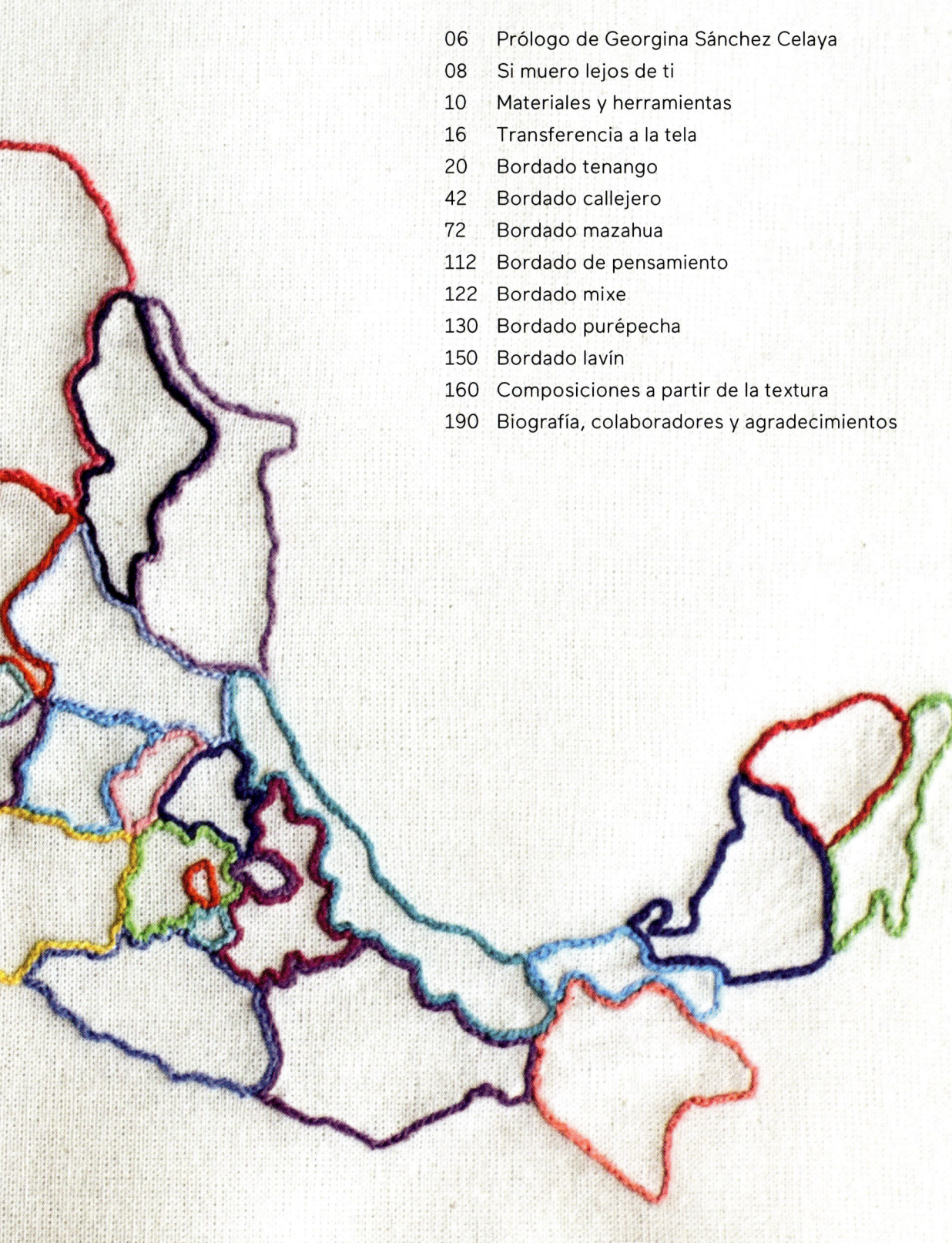

Índice

- 06 — Prólogo de Georgina Sánchez Celaya
- 08 — Si muero lejos de ti
- 10 — Materiales y herramientas
- 16 — Transferencia a la tela
- 20 — Bordado tenango
- 42 — Bordado callejero
- 72 — Bordado mazahua
- 112 — Bordado de pensamiento
- 122 — Bordado mixe
- 130 — Bordado purépecha
- 150 — Bordado lavín
- 160 — Composiciones a partir de la textura
- 190 — Biografía, colaboradores y agradecimientos

Prólogo

Al darle nombre a un lugar, a una acción o bien a un objeto logramos apropiarnos del mismo de manera simbólica. A través de la palabra, Gimena Romero ha captado otra cara del bordado y la muestra en este libro de forma natural y sencilla para todo aquel público que quiera combinar su curiosidad lingüística con el bordado, o simplemente deleitarse con las formas y las texturas que este arte genera.

México bordado: de la tradición al punto contemporáneo es una invitación al lector para apropiarse de las múltiples técnicas de bordado que existen en un país tan diverso como México, y a la par, para que comience a familiarizarse con las expresiones textiles, la cosmovisión y las características de las culturas que nos han legado esta herencia invaluable. Para que este patrimonio no se pierda y siga vivo es necesario que más manos bordadoras se apropien de él y lo reinterpreten de acuerdo a su contexto social y cultural, como lo ha hecho Gimena Romero. Parte de esta apropiación y reinterpretación está presente en el capítulo dedicado al bordado callejero, una celebración del bordado colectivo como ritual y forma de convivencia social. Si esta caótica y gigantesca ciudad, Ciudad de México, clamara por una forma de bordado tradicional, este sería el bordado de la calle, el que se hace en comunidad, en el seno del barrio, manufacturado por las *doñitas*[1] que viven en las vecindades consagradas al cuidado de la familia.

En el capítulo dedicado al bordado lavín,[2] en el que la materia prima es el cabello y no el hilo, está resumida la vocación de este libro: evidenciar cómo la tradición pervive de mano en mano y de boca en boca. Sin embargo, muy poco de esta tradición ha pasado al papel, por eso Gimena Romero se ha dado a la tarea de visitar algunos rincones de México para iniciar una pesquisa que revele los secretos del bordado y su historia.

El libro que tienes en tus manos aloja el testimonio de varios viajes que la autora realizó para continuar aprendiendo a "hablar textil". Toda esta odisea de aprendizaje y conocimiento ha ido de la mano de Pedro Aragón, amigo y cómplice, que ha dotado de vida a este proyecto a través de hermosas fotografías. El equipo de argonautas ha recorrido Tzintzuntzan, antigua capital del Imperio purépecha, pasando por Oaxaca y el bordado mixe de los autonombrados *ayuujk*, y el periplo termina en la ciudad de Valle de Bravo,

---

1 Forma diminutiva y cariñosa de *doña*, una palabra del argot del idioma español para referirse a una señora.

2 El bordado lavín es una técnica muy antigua, presente en la China imperial, que llegó a México a través de España.

cuna de aventuras y desvelos donde la autora de este libro se enfrentó al lenguaje de aguja e hilo de la gente venado: el bordado mazahua, propio del estado de México.[3] Sin temor a equivocarme, puedo decir que este es uno de los más complejos y elaborados que existen en México y uno de los más hermosos y difíciles en cuanto a factura y confección.

México bordado es un documento que muestra la creación artística no solo como una calca de la más pura emoción que arroba al ser humano, sino también como método de investigación a través del cual se busca preservar la técnica, darle nombre a algunas puntadas que han existido silenciosas durante años y con ello conservar la riqueza de un lenguaje vivo como el bordado. Para todos los lectores que quieran "hablar textil" he aquí este trabajo confeccionado con mucho amor, gestado en el seno de un país desbordado de historia, de riqueza y de gente trabajadora que pronuncia el *mande* como prueba de la nobleza que yace en sus corazones y no como muestra de sumisión, un país lindo y querido en el que los mexicanos queremos vivir en paz y sin violencia. Y si por alguna extraña razón la muerte nos agarra lejos de esta tierra, una y mil veces que nos traigan aquí.

Georgina Sánchez Celaya

[3] En México, hay tres estados con asentamientos mazahuas: Chihuahua, Michoacán y el estado de México, siendo estos dos últimos los más grandes e importantes. Cada estado tiene un estilo de bordado distinto, el bordado que Gimena Romero aprendió y al que nos referimos en este libro es el del estado de México.

Si muero lejos de ti

Hablar de bordado mexicano tiene fuertes implicaciones: de historia, de identidad, de contexto, de idiomas, de barrios, de un español que no es español, es mexicano, y hasta de poesía.

¿Cuál es este patrimonio tan rico y diverso? ¿De qué modo nos pertenece? Pienso en todos los Méxicos por los que he pasado, Méxicos que se pronuncian en lenguas distintas, que comen de diferentes modos, lugares donde el universo se crea de distintas formas y con distintos nombres. Méxicos que tienen muchos colores de piel.

Siempre pensé que los habitantes de Ciudad de México éramos huérfanos culturales. Toda esta investigación a través del textil me ha servido para encontrar mi identidad como mexicana. Encontrar en cada nueva región, en medio de lenguas impronunciables, lo perenne, lo inmarcesible.

Creo que los procesos artísticos son también un método de investigación y los viajes, un contexto y una fuente muy útil para desarrollar un vocabulario sensible y visual. Entendí que primero debía asumirme como mestiza y que así podría aprender, llenarme y convertirme en parte de una cultura tan ajena como las palabras con las que se nombran todas las cosas en cada sitio.

Me gustan las historias porque aunque sean históricamemte falsas son prácticamente verdaderas. Hablaba con un amigo acerca de lo mucho que le gusta el acento mexicano y de lo "relindo" que le parece el uso del *mande*. Por supuesto que no hablamos de la carga histórica que contiene ese *mande*, simplemente hablamos de la palabra. Es un bonito modo de mediar nuestra historia a partir de la palabra hablada, dejando de lado las palabras "históricas", como *desesperanza*, *desilusión* y *muerte*.

Recuerdo que de niña me costaba algo de trabajo pronunciar la palabra *patria*. Cuando nací, yo no tenía patria ni abuelos. Tenía padres y abuelas. Vivía —a veces aún vivo— en una casa tan grande como grande era mi mundo de infancia. Después ese mundo comenzó a abarcar la avenida de Miguel Ángel de Quevedo y la colonia Chimalistac, donde aún está la casa.

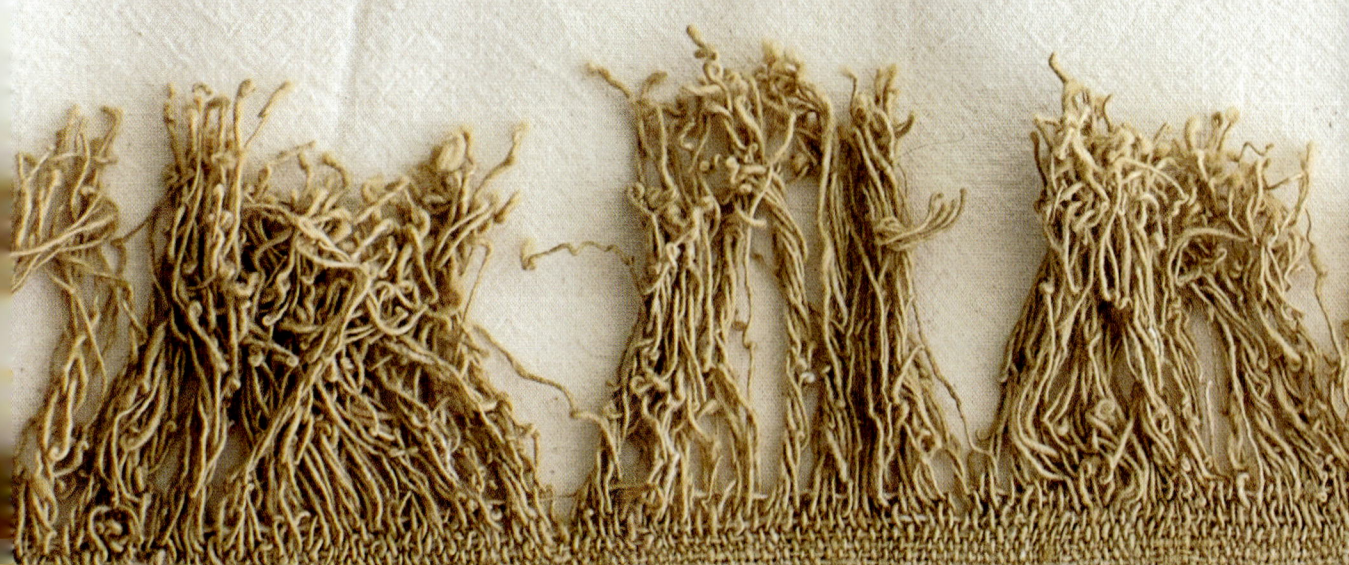

Luego la Ciudad de México, que alguna vez fue valle y alguna vez fue lago, y que ahora es un monstruo. Y más tarde otras ciudades y otros paisajes, hasta llegar al mar. Cuando conocí el mar me dijeron que ahí se terminaba México y que más allá de ese gran charco de agua se encontraba Europa. Fue así como comprendí que *patria* era algo así como el alma de la extensión de mi cuarto, como si mi casa se desbordara en pueblos y montañas, cuyos nombres me cautivaban con su majestuosa sonoridad: Cempoaltépetl, Tlahuitoltepec, Huixtán, Chenalhó..., y que todas esas personas que hablaban mi mismo idioma y comían las mismas cosas que yo eran, también, como una extensión de mi familia.

De este modo mi patria, la mía, toda aquella que me cabía en las manos, en la cabeza y en la panza, comenzó a nutrirse con los vivos y los muertos que existieron en la provincia de la épica personal y se hizo cada vez más grande. Héroes que sobrevivían con la gloria impecable gracias al recuerdo familiar y a la anécdota vivencial. Nombres como Lázaro Cárdenas, Gilberto Bosques, Ávila Camacho, José Mancisidor, León Felipe, Egon Erwin Kichs, Langston Hughes, Aureliano Álvarez-Coque, José Miaja, Javier Romero, Ana María Rodríguez, Rodrigo Romero y, claro, también Carlos Romero se pronunciaron como nombre, como palabra, para convertirse en una patria más fácil de pronunciar. Una que no se dignifica con el prestigio de la muerte, sino con la celebración de la vida. Pero para esto habrá que olvidarnos de la palabra *miedo* y empezar a usar más agujas, más puntos, y ser semilla en todas las lenguas que se nos cruzan en el camino. Y como dice la canción, "que digan que estoy dormida y que [siempre] me traigan aquí".

Materiales y herramientas

Conocer el nombre y el tipo de material necesario en la costura es esencial. Hay veces que el uso de una aguja incorrecta puede romper el hilo o un bastidor de mala calidad puede arruinar la tela. El bordado abarca cada parte del proceso, no solo la tela. Un punto se forma en cada momento con la manipulación del material.

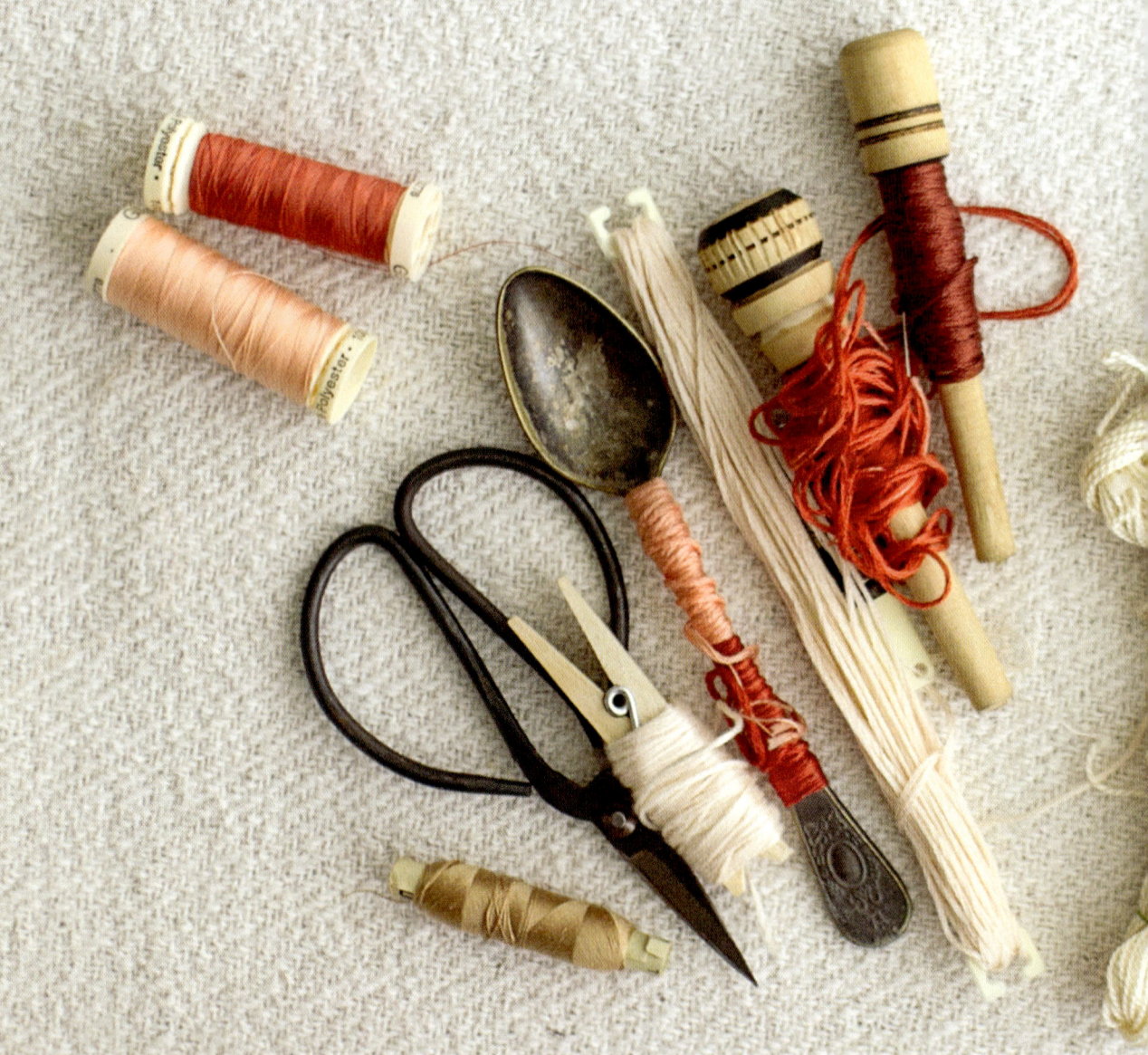

Agujas

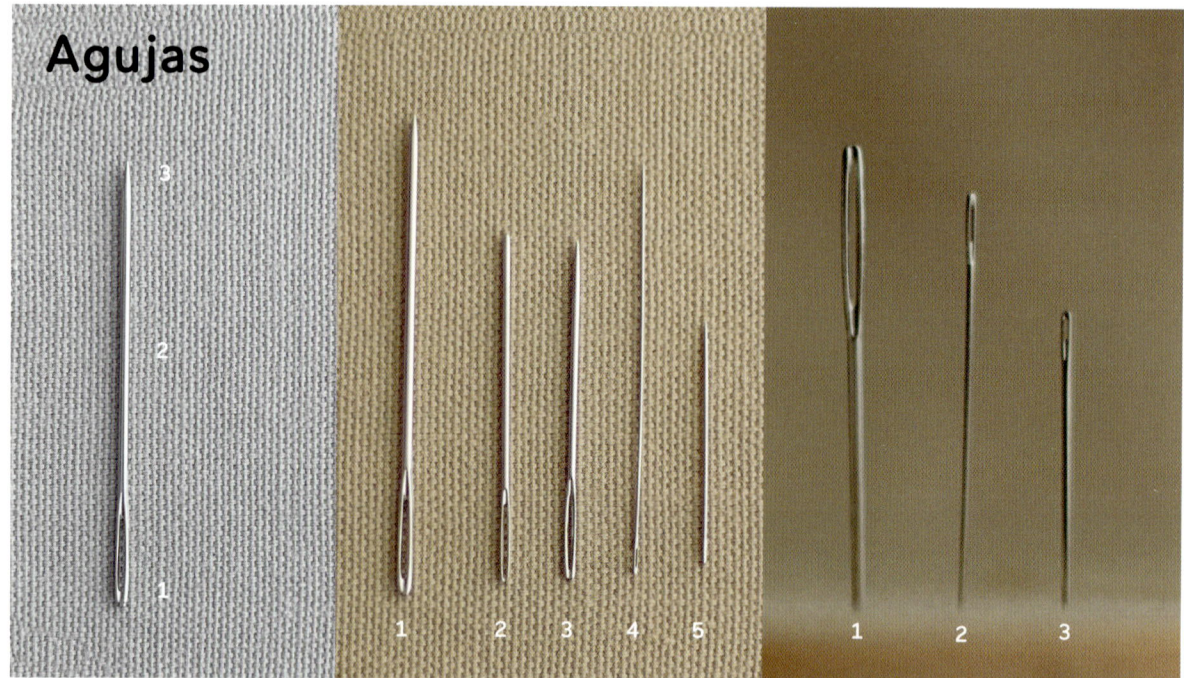

Anatomía de una aguja:
1. Ojal
2. Calibre (el calibre se refiere al cuerpo y grosor de la aguja)
3. Punta

1. Aguja con punta, ojal largo calibre 22
2. Aguja ciega
3. Aguja con punta
4. Aguja larga de costurera
5. Aguja corta de costurera

1. Ojal largo
2. Ojal medio
3. Ojal corto

La aguja engarzada: al hilo que viene del ojal se le llama hilo de ojal, mientras que al que viene de la tela se le llama hilo de trabajo.

Me refiero al grosor de hilo como calibre en hebras. Normalmente uso el hilo doble. En caso de no ser así, me refiero al número de hebras simple.

Ejemplo: 3 simple

Al usar el hilo doble, me refiero primero a la cantidad de hebras y después al calibre de grosor de línea.

Dos sobre cuatro o 2/4
Esto quiere decir que estoy usando dos hebras con un grosor de línea final de cuatro.

Al final me refiero al tipo de hilo, que puede ser costura, mouliné, perlé, mix, etc.
Dos sobre cuatro mouliné

Hilos

1. Mouliné
2. Perlé
3. Costura
4. Cabello
5. Satín

Telas

1. Manta
2. Loneta
3. Lienzo de telar de pie
4. Cuadrillé
5. Lino

Bastidores

1. Bastidor de resorte
2. Bastidor de tornillo
3. Bastidor de pie

Tijeras

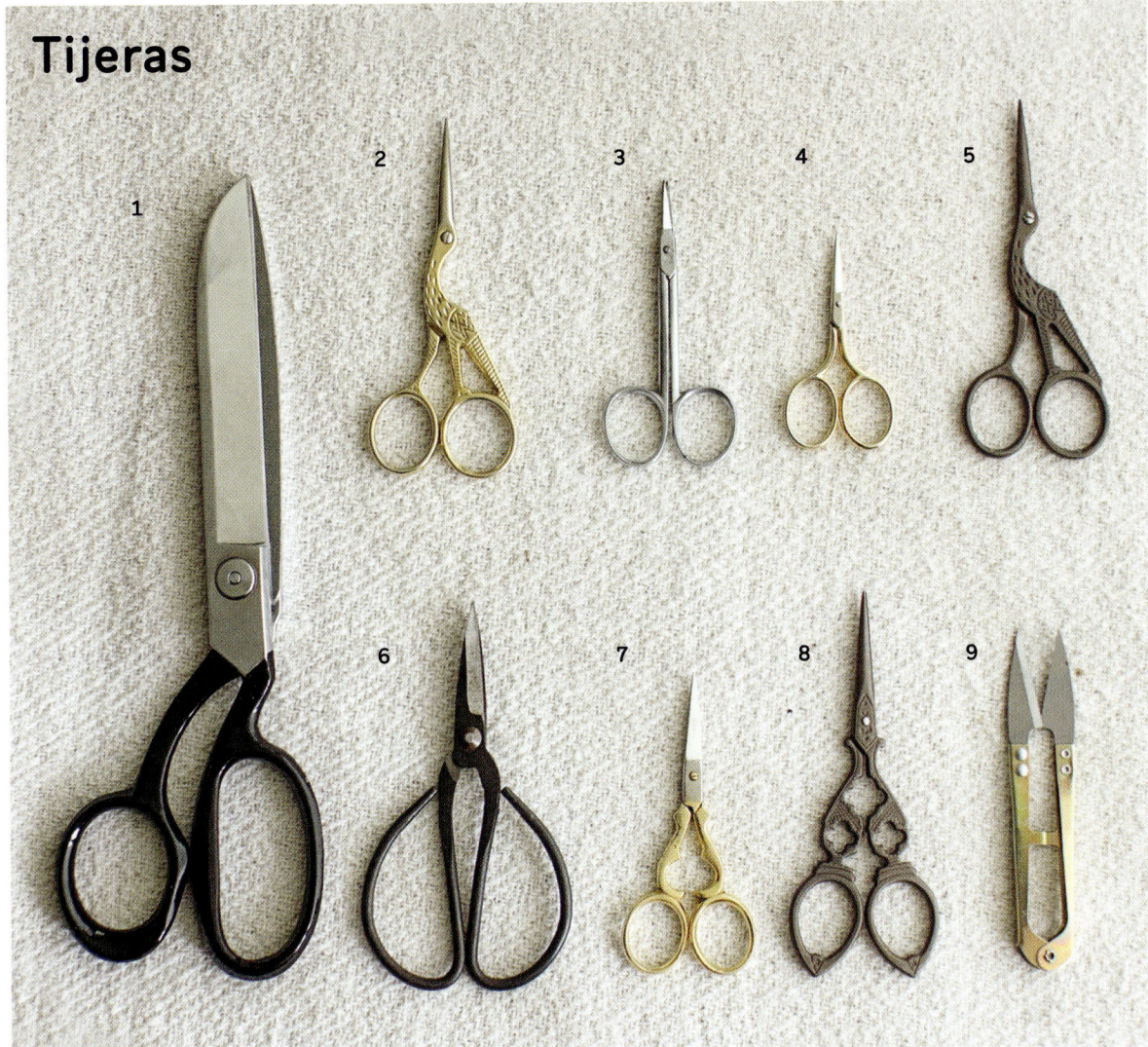

1. Tijeras de tela
2. Tijeras de bordado clásicas de garza
3. Tijeras de manicura
4. Tijeras de bordado cortas
5. Tijeras de bordado garza negra
6. Tijeras de bordado tipo jardineras
7. Tijeras de bordado
8. Tijeras de bordado ornamentadas
9. Tijeras costureras

Tijeras costureras: estas tijeras nuevas tienen un filo excelente, lo pierden rápido pero, si tienes cuidado, pueden durar bastante tiempo.

Tijeras de bordado: las tijeras de bordado son fácilmente reconocibles porque siempre terminan en punta.

Tijeras de tela: cuida tus tijeras de tela, te recomiendo que inviertas en un buen par y que solo las uses para cortar tela.

Tijeras de manicura: estas tijeras terminan en punta y tienen la cuchilla ligeramente redondeada; también sirven para bordar, pero si decides comprar unas tijeras de manicura para la costura, úsalas solamente para hilo.

Transferencia a la tela

Existen muchos modos de transferir a la tela un motivo para bordar. Yo siempre uso la transferencia con grafito. Es sencilla y no necesita maquinaria ni herramientas o materiales difíciles de conseguir.

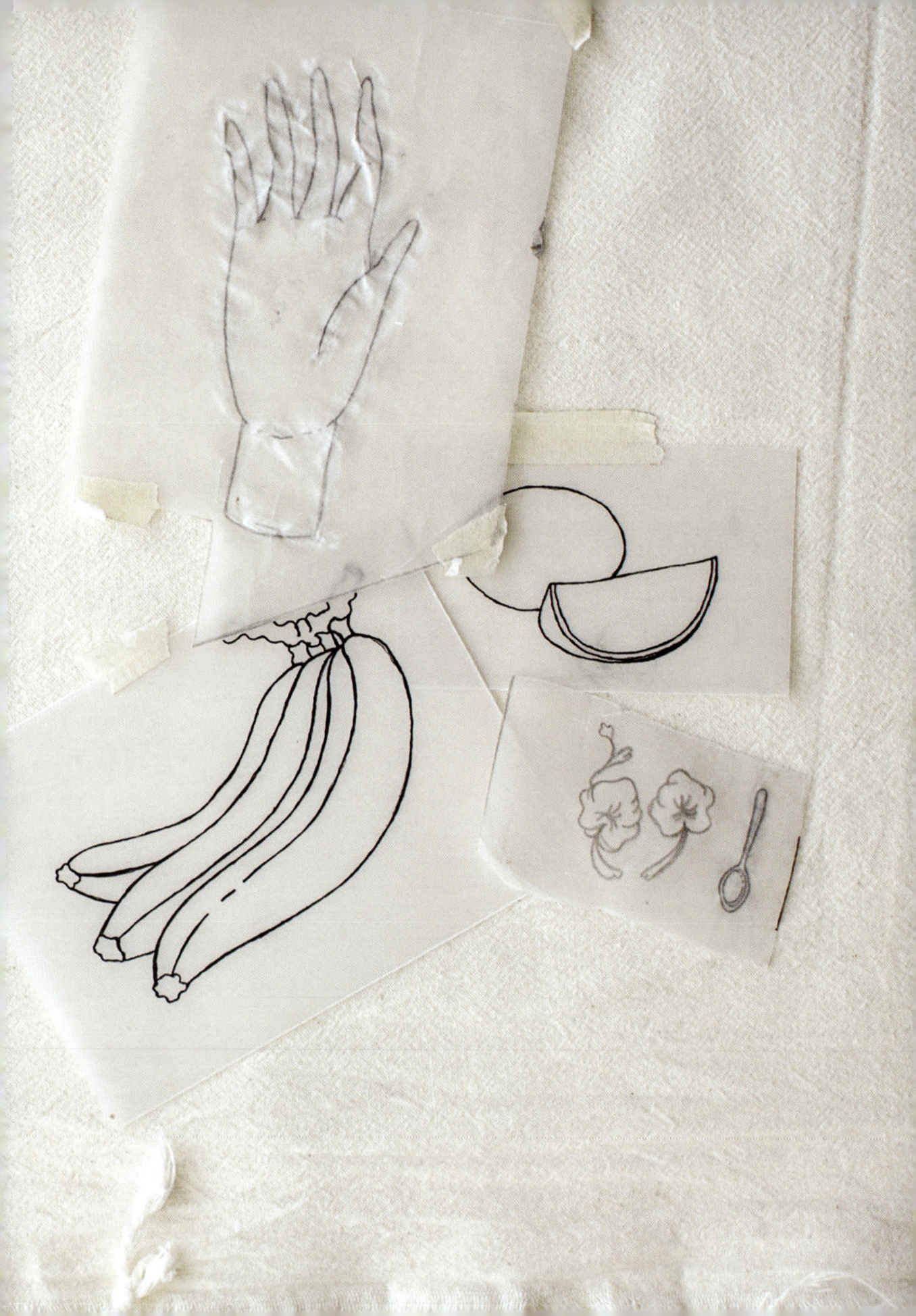

En un trozo de papel vegetal de gramaje medio (muy grueso no funciona y muy delgado se rompe) hay que calcar el motivo a transferir.
La transferencia se hace en espejo, así que piensa que el motivo quedará al revés. Si lo prefieres tal como lo ves al calcarlo, debes repasar el dibujo por el otro lado para que quede bien.

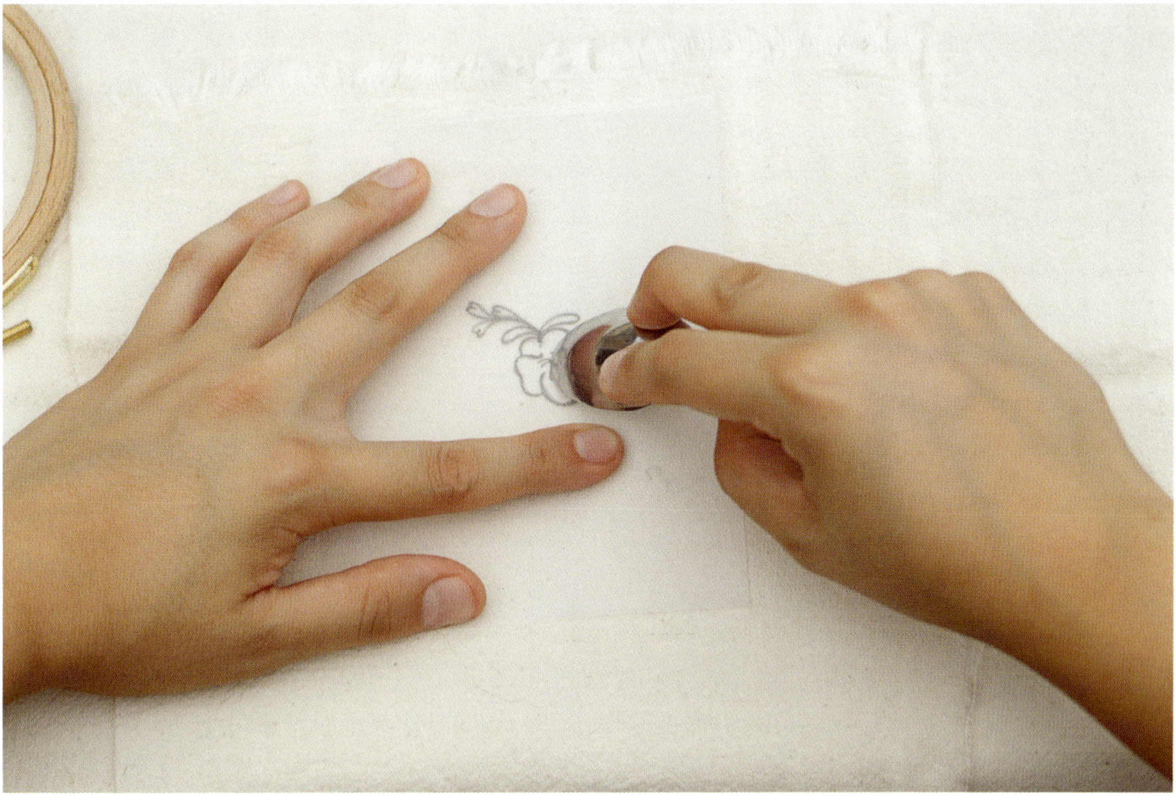

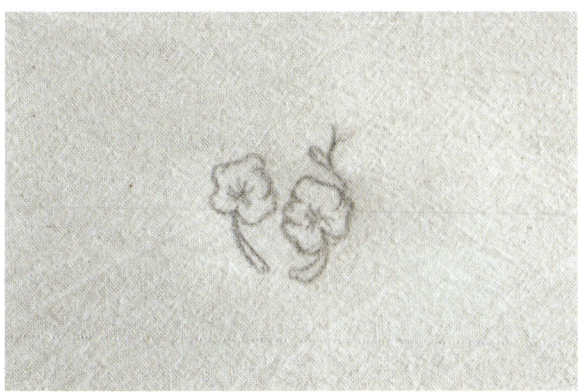

Haz la calca con un lápiz suave, un 8B es ideal.
Pon el papel sobre la tela del lado del grafito, hazlo con cuidado para que no ensucie ni se manche.
Sostén firme la calca y con el canto de una cuchara raspa la parte contraria del dibujo haciendo presión sobre la tela.
Rocía la tela con un poco de laca mate para fijar el *transfer* y listo.

Bordado tenango

Tenango de Doria, Hidalgo

¿Qué más decir de Tenango? Sus pájaros, sus flores, sus animales de campo y su tierra ya son parte de la orografía de mi mente. Podría volver a casa de la señora Angélica siguiendo el rastro del olor a leña de su estufa.

Cuando fui a Tenango por primera vez llegué con una canasta de galletas y mucho miedo. Las galletas eran para cambiarlas por historias y el miedo me había llevado hasta allí, pero eso lo supe después. Iba a averiguar sobre los bordados de mi país después de haber estado un tiempo fuera, aunque sus bordados permanecieron siempre frescos en mi memoria. Crecí en Coyoacán, un barrio de la Ciudad de México donde los bordados tenangos suelen ser los protagonistas de los puestos de cosas bellas hechas a mano en el mercado de artesanías.

Hay lugares sagrados en el bordado y en Tenango hay una niebla de silencio que me enseñó a escuchar de muchas formas. Allí el bordado surge como documento social y evoluciona a producto para su venta como artesanía. Siempre que voy de investigación a un sitio, llego con la única certeza de mi ignorancia, con toda la humildad y todo el respeto. Aunque Tenango solo está a 200 kilómetros de Ciudad de México, la distancia es infinita.

Hoy en día, el punto de relleno característico de los bordados tenangos es la *pata de gallo*. Cabe mencionar que en las diversas culturas se usa el nombre de pata de gallo para denominar puntos distintos. La tradición surge del entorno y en México los gallos y sus patas suelen ser parte del paisaje cotidiano, como en la mayoría de los paisajes rurales. A partir de aquí me referiré a este punto como *pata tenanga*.

Después de comprar hilos, toparme con fantasmas y otros muchos azares, me quedé sin galletas, y fue entonces cuando conocí a don Manuel y a la señora Angélica, familia que me aceptó y terminó de integrarme en la comunidad después de haber compartido labor y cobijo con la señora Magdalena.

A veces pensaba que tanta neblina tenía que ver con el uso de tantos colores, como el gris antes de un amanecer. Actualmente, en Tenango únicamente se usa la pata tenanga en la totalidad del bordado, ya que los puntos xi y hini están en desuso y se han descartado por su alta complejidad de bordado a dos agujas y por la falta de interés de las nuevas generaciones en aprender la técnica. La diferencia de acabado es mínima, pero ambos son puntos muy ornamentales.

Tengo en mente una frase de don Manuel, esposo de la señora Angélica (ambos son bordadores):

"Nosotros, los bordadores, nos levantamos a mover el mundo. Puedes quedarte quieto para ver si se mueve o no se mueve o esperar a que se mueva. Pero nosotros, señorita Gimena, nos levantamos a mover al mundo."

Estas palabras vibran en mis manos como un tambor cósmico, como un reloj que no marca la hora. Me recuerdan que, al final, nunca tuvimos tiempo, sino que lo habitamos compartiendo. Bordar juntos es compartir siempre. Ahora soy madrina de sus hijas y recuerdo que el gris, en Tenango, anuncia un amanecer.

Después de todo, el bordado se convirtió en un pretexto, pues yo iba buscando una historia. Y, finalmente, esa historia fue la mía.

PUNTOS
Pata tenanga

Siempre explico este punto como si hiciéramos el movimiento de andar hacia atrás. En este tipo de bordado otomí* es muy importante el revés. En un buen bordado tenango las terminaciones no son perceptibles y el acabado es una línea punteada y continua. En los ejemplos que muestro a continuación, uso hilo para bordar de algodón mouliné a tres hebras, con una aguja de ojal largo de calibre 22, sobre tejido de algodón, que es la tela sobre la que se suele hacer este tipo de trabajo.

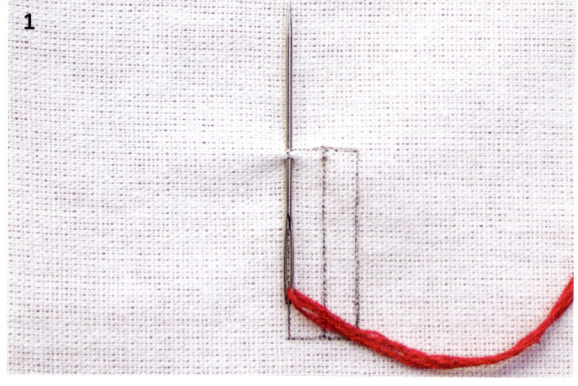

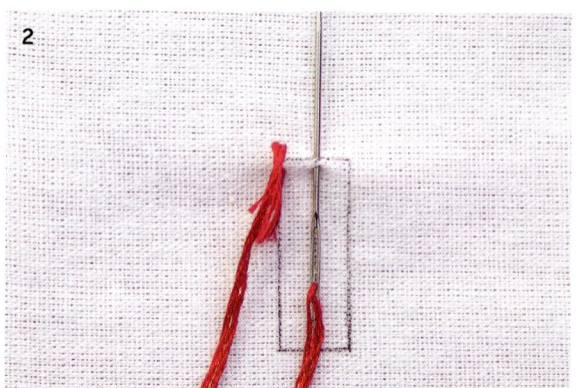

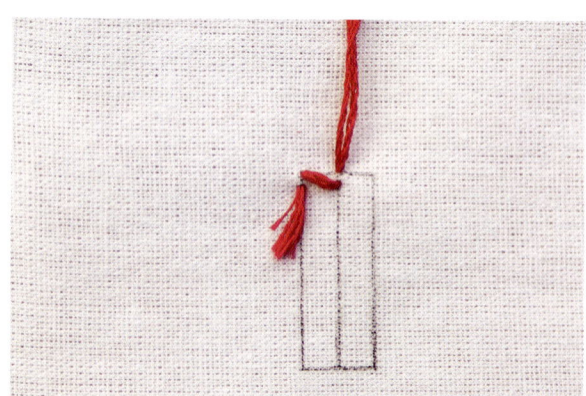

1. Durante la costura, nunca se hacen nudos, y siempre se comienza por la parte de arriba de la tela, entrando un par de milímetros justo donde termina la figura a rellenar.

2. Se pasa al otro extremo de la franja que se está trabajando para comenzar el relleno y se repite el mismo paso que en la figura 1.

Pueblo indígena que habita un territorio discontinuo en el centro de México.

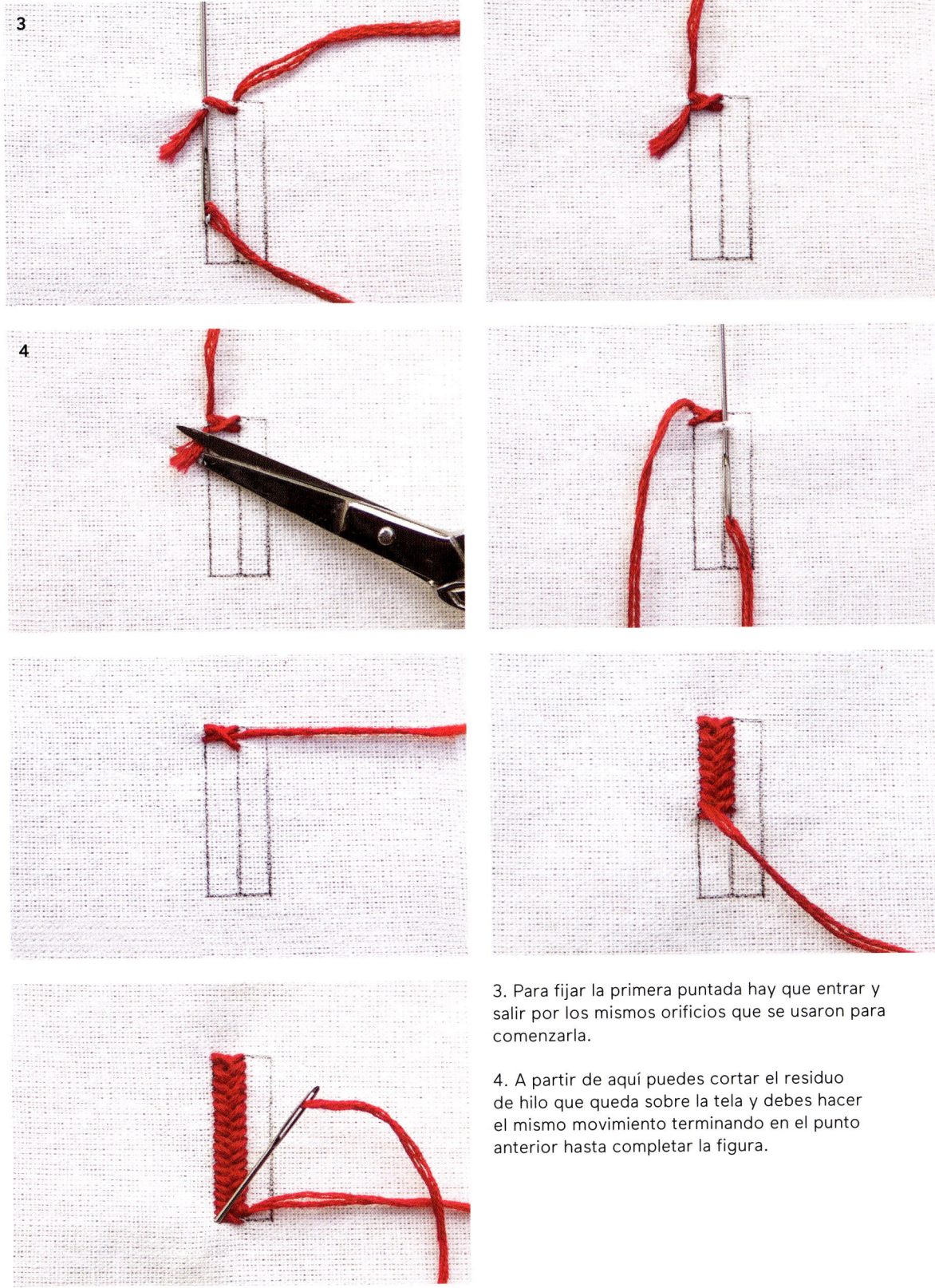

3. Para fijar la primera puntada hay que entrar y salir por los mismos orificios que se usaron para comenzarla.

4. A partir de aquí puedes cortar el residuo de hilo que queda sobre la tela y debes hacer el mismo movimiento terminando en el punto anterior hasta completar la figura.

5

Para rematar

Se usa el mismo tipo de remate en todos los puntos.
Atraviesa la tela y en la parte de atrás encontrarás una línea punteada.
Enreda el hilo en tres de estos puntos y corta al ras.

5. Para bordar franjas juntas puedes tener como referencia los puntos que usaste para la franja anterior.

El bordado puede ser monocromo o multicolor, cambiando de hilo en cada franja. Es un bordado muy intuitivo, ya que la puntada se va acoplando a la forma que hay que rellenar. La división en franjas del diagrama inicial nos puede servir de pauta.

Paso atrás

Este punto, muy común en muchos tipos de bordado en el mundo y también conocido como punto tallo, es el que se usa en las partes lineales del bordado tenango.

1. Empieza por la parte de arriba de la tela.

2. Entra dejando espacio para la puntada y, antes de cerrar, sal por el medio.

3. Entra dejando espacio para la siguiente puntada y sal por donde terminó la puntada anterior.

4. Corta el hilo sobrante y sigue con el resto de la puntada.

5. Es importante tener en cuenta la posición del hilo de trabajo: no importa el lado (derecho o izquierdo), pero hay que mantener siempre el mismo lado.

Hini
(callar)

Los nombres de los puntos en desuso están en otomí o hñähñu, la lengua hablada en esta región, que, al igual que los puntos, está en vías de desaparición.

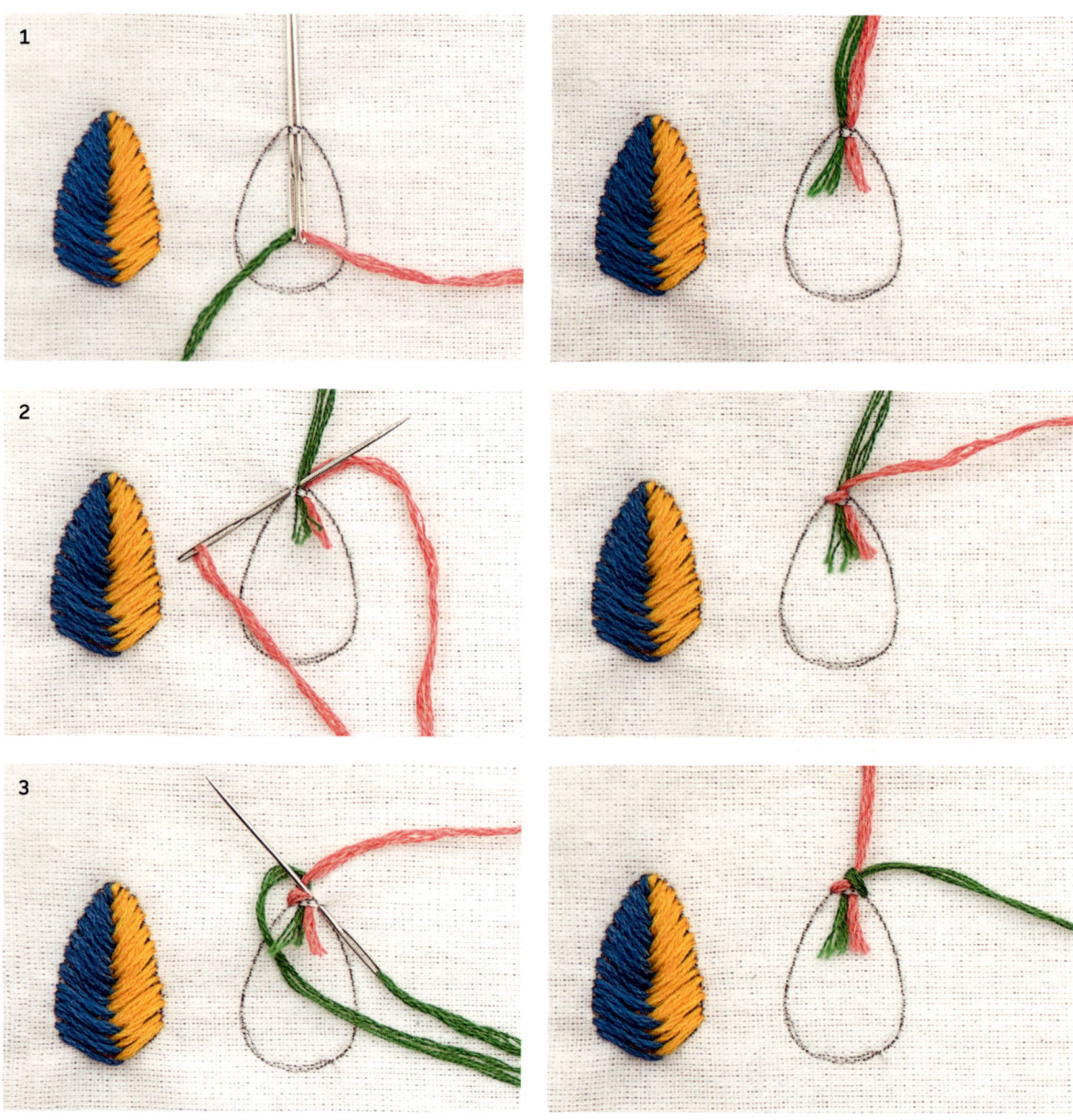

1. Con las agujas preparadas a dos colores, entra en la tela por arriba y en la parte superior de la figura por el centro.

2. Con la aguja rosa cruza al otro lado de la figura y pellizca la tela del mismo modo que en la pata tenanga, fijando la puntada de la aguja verde sobre la línea del dibujo.

3. Repite el paso dos con la aguja verde.

4. Cambia a la aguja rosa y pellizca la tela del mismo modo al otro lado de la figura.

5. Cambia a la aguja verde y pellizca la tela del mismo modo al otro lado.

6. Continúa así hasta rellenar la figura.

7. El resultado será un intercalado de colores uniforme en toda la zona.

Xi
(hoja de árbol)

Para no perderse a la hora de hacer el punto xi es recomendable dibujar un esquema sobre la tela. La figura inicial es un óvalo tipo hoja, como en el punto hini. Marca un óvalo interno aproximadamente a un milímetro del óvalo inicial. Divide la figura en tercios horizontales.

1. Inicia del mismo modo que en el punto hini.

2. Con la aguja amarilla cruza la figura y entra sobre el óvalo interior a la altura del primer tercio pellizcando la tela, pero esta vez hacia la base.

3. Con la aguja azul repite el paso anterior hacia el otro lado.

4. Con la aguja amarilla sube al inicio de la puntada y busca el punto amarillo anterior sobre el óvalo principal. Junto a este pellizca la tela para anclar en la parte de arriba.

5. Repite el paso anterior con la aguja azul. Ahora las dos agujas deben estar en la parte de arriba de la puntada.

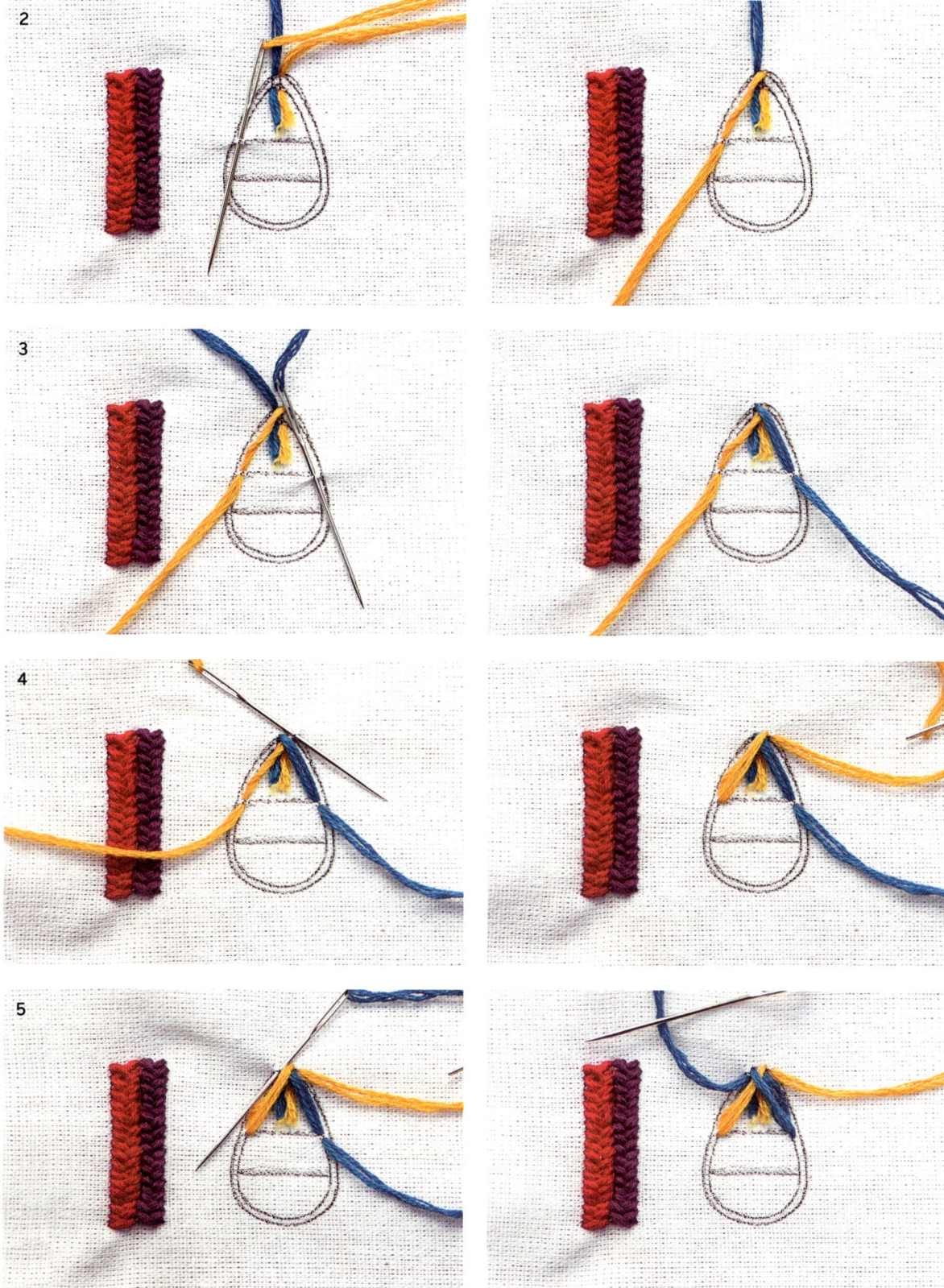

6. Vuelve a cruzar hacia abajo y en diagonal entrando en el óvalo interno.

7. Irás bordando a dos niveles en la misma puntada. El efecto es que los colores van cambiando de lugar y se va forrando un color sobre el otro.

8. Al final tendrás una figura dividida en dos colores. Se remata igual que en todos los puntos anteriores.

8

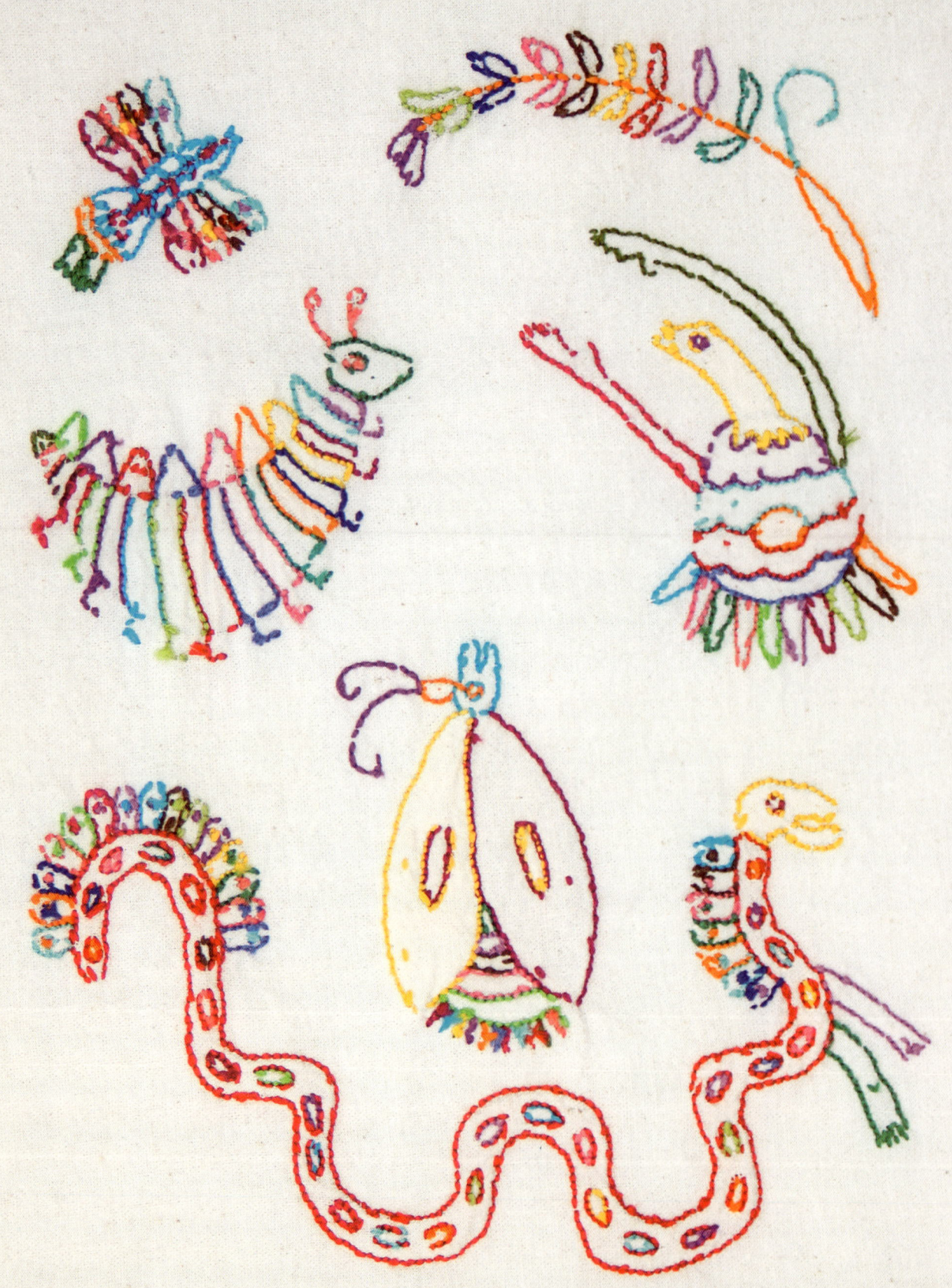

Bordado callejero

Ciudad de México

"¡Paquete de hilo de costura verde por acá, por favor! ¡Plantilla de peluche del 23, un par! El no comer por comprar hilos no es perder el tiempo."
Al entrar en la mercería San Alberto se escuchan cosas como estas todo el tiempo.

Yo nací en la Ciudad de México, una ciudad monstruo que, si te descuidas, te come. Aquí la sangre y la pornografía rebasan los límites de los puestos de periódico y las calles huelen a grasa de comida. El silencio brilla por su ausencia, el tráfico es infernal y hay oleadas de gente migrando del trabajo a casa y de casa al trabajo. Primero, todos hacia un lado y después, todos hacia el otro. En función de la hora, sé hacia qué lado moverme. Conozco el medio de transporte, la dirección, la hora y el vagón adecuados para no ser víctima de la claustrofobia citadina. O por lo menos lo intento. Pero la bordadora ve con otros ojos y, así como la ciudad revienta y se derrama en excesos visuales y olfativos, también lo hace el bordado, que siempre desaparece cuando se desborda.

La dispersión de autos en las calles, de ruido y de personas cruzando ríos de gente solía ser el camino habitual para llegar a la mercería de San Alberto, donde hay que sortear los decibeles habituales para comprar bastidores e hilos y después ir a tomar café y bordar con mujeres que, para variar, me doblaban la edad. Si la Ciudad de México tuviese un bordado tradicional, sería este. Un bordado espectacular, un bordado desbordado de bordado.

Desarrollé mi bordado callejero combinando puntos de alta costura con puntos que aprendí de las señoras que bordan servilletas de colores en la calle de Regina, en el centro de la ciudad. Puntos, por cierto, nada sencillos, ni los segundos ni los primeros.

El trabajo lattice es un tipo de punto que se borda sobre sí mismo, sin ser punto de cimiento. En los puntos de cimiento —aparecen varios a lo largo de este libro— se prepara una base de hilo sobre la tela para construir el punto. En el trabajo lattice se borda y, a continuación, se borda encima.

Utilizo motivos de frutas, ya que son frecuentes en las servilletas que bordaban las señoras. También me gusta jugar y pensar en este tipo de trabajo como en el ejercicio de ir al mercado y seleccionar frutas que prometen jugo y sabor por la textura y el color.

Bordar en la calle rescata el gesto de vivir en la ciudad, de aprender de nuestro entorno, de apropiarnos de nuestro barrio. Bordar es habitar. "Después del terremoto, pensamos que nunca iba a volver a haber gente", decía la señora Amaranta mientras me platicaba sobre los años que llevaban juntándose a bordar ahí.

Me fui de México durante siete meses y, al volver, no había café ni había señoras, y tampoco había bordado en la calle. Así que Pedro (el fotógrafo de este libro) y yo decidimos ir a la mercería sobre Correo Mayor y hacer el recorrido hasta el café documentándolo todo. Solo que esta vez convoqué a toda la gente para que viniera a bordar y ¡vinieron! Es una forma de incentivar el bordado callejero y de ayudar a que no desaparezca.

PUNTOS
Hojas

Para este tipo de puntos estoy usando hilo perlé de calibre 5. El calibre puede variar en función del tamaño de la imagen, pero se suele usar perlé porque este tipo de puntos tiene un efecto voluminoso y "esponjado". Agujas con y sin punta de calibre 22. A las agujas sin punta también se las llama agujas ciegas o agujas tapiceras.

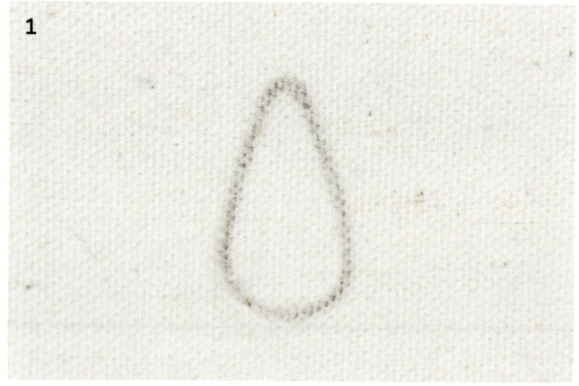

Consejos para esta puntada: no aprietes mucho el hilo porque, si lo haces, el cimiento se moverá y perderás la forma abultada de la puntada.

1. Sobre un esquema en forma de pétalo hay que bordar líneas paralelas y horizontales, tal y como muestra la imagen. Esta estructura de hilo se llama cimiento y es donde se construye el punto atravesando la tela solo cuando la puntada lo requiere. Para bordar el cimiento siempre se usa una aguja con punta.
Existen distintos tipos de cimientos para distintos tipos de puntadas. Pero cuando son puntos que se trabajan sobre una estructura previa, como anclaje al soporte final, se llaman puntadas de cimiento o puntos montados.

2. Con una aguja ciega engarzada a una sola hebra, sal en la base de la puntada y empieza a abrazar el cimiento sin atravesar la tela hacia la base, comenzando desde la línea 1.

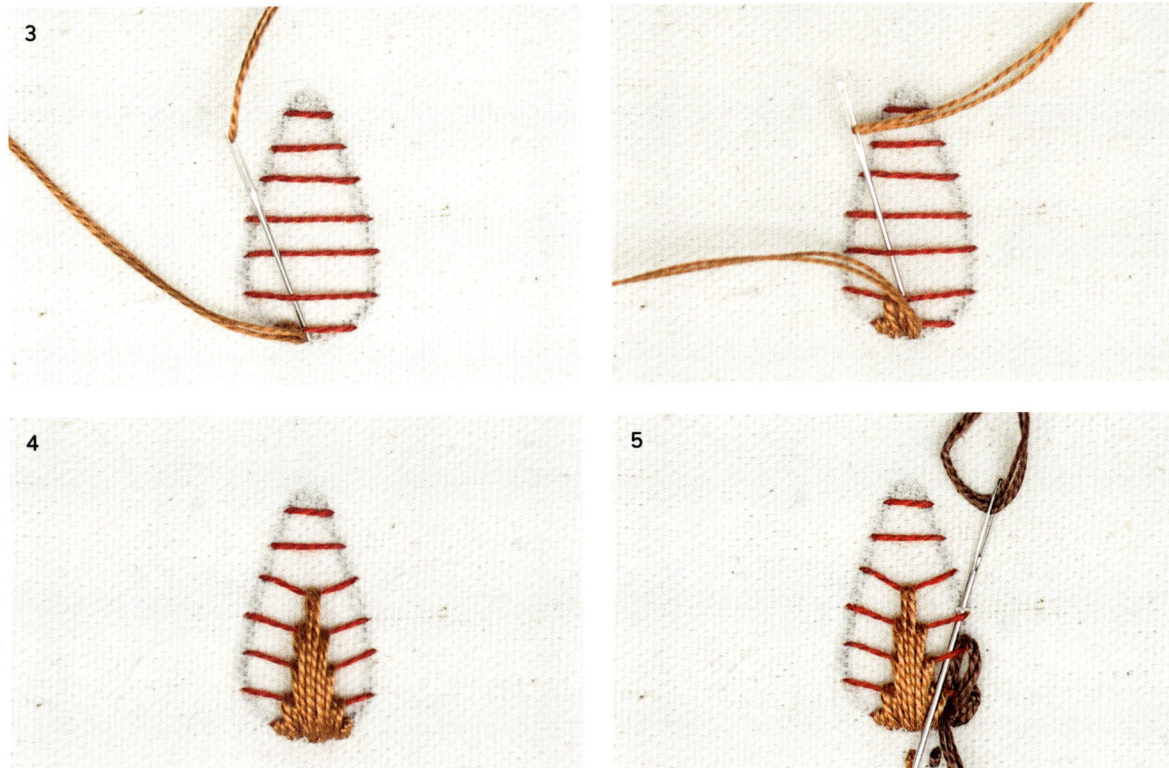

3. Hay que ir subiendo una línea a cada paso, construyendo la forma interna del pétalo hasta llegar a la antepenúltima línea de cimiento.

4. A partir de aquí haz exactamente lo mismo pero en espejo, reduciendo una línea a cada paso. Atraviesa la tela y remata con un pequeño nudo en la parte de atrás.

5. Cambia de color en la aguja ciega, pero esta vez a doble hebra para hacer que la parte exterior del pétalo sea más abultada. Sal en la base derecha de la primera parte de la puntada y abraza dos cimientos sin atravesar la tela.

9

6. Atraviesa la tela en la línea de dibujo del pétalo y ancla el punto saliendo inmediatamente por donde entraste.

7. Sube un nivel dejando el primer cimiento libre y abraza los dos siguientes anclando el punto igual que en el paso anterior.

8. Sigue así hasta llegar a la parte más alta y remata con un pequeño nudo por la parte de atrás cuando ancles el último punto.

9. Retoma la puntada, pero esta vez desde la base hasta completar el pétalo. Es mejor rematar y retomar desde este punto para que el sentido de las puntadas haga espejo.

Abierto banana

Es preferible utilizar este punto cuando el motivo a trabajar se presta a una subdivisión en barras o líneas. También se trata de una puntada de cimiento que se encuentra en el delineado.
Hay que delinear el contorno de la figura a rellenar con cadena abierta.

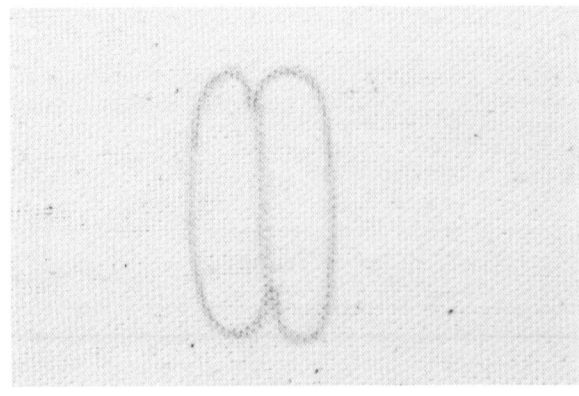
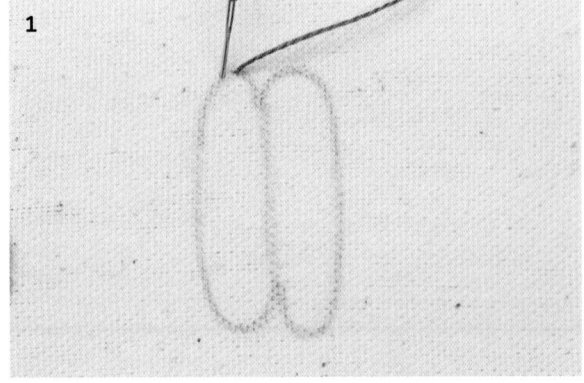
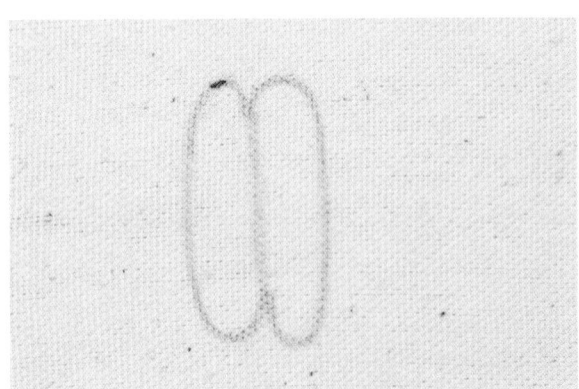
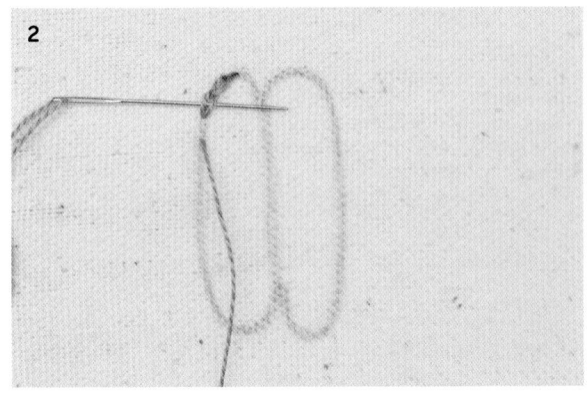
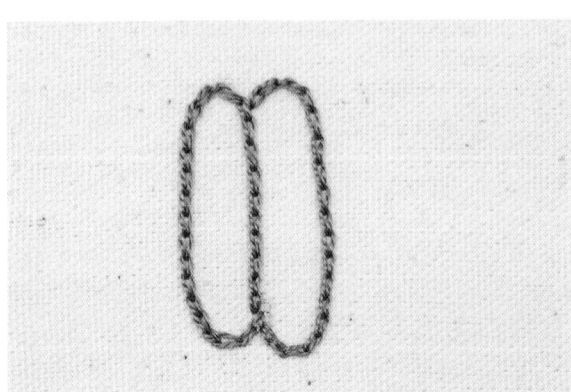

1. Haz un pequeño bloque sobre la línea, que servirá de ancla para la primera cadena. Sal dejando espacio para la puntada y, sin atravesar la tela, pasa por debajo del bloque y entra por el mismo orificio por el que saliste. No aprietes mucho la puntada, ya que, si lo haces, la cadena se cierra y pierde el efecto.

2. Sal dejando espacio para la siguiente puntada y, esta vez, ancla a la cadena anterior. Procura que todo tu delineado sea uniforme, con las cadenas del mismo tamaño y, dentro de lo posible, con la misma cantidad en cada lado de la figura a rellenar.

3. Con otro color engarzado a doble hebra en una aguja ciega, sal dentro de la primera cadena de tu cimiento.

4. Cruza y abraza únicamente el lado interior de la cadena de enfrente manteniendo el hilo de trabajo por la parte inferior.

5. Cruza y abraza la cadena que sigue.

6. Sigue así hasta completar la figura.

Cambia de color si lo deseas, pero es importante seguir trabajando con una aguja ciega. Sal nuevamente por la primera cadena, salta la primera línea y, a partir de la segunda, comienza a abrazar las juntas hasta llegar a la base del punto.
Ancla atravesando la tela y sal en la cadena siguiente. Repite el paso 7 de regreso.
Al final, puedes usar tantos colores como quieras. Como resultado tendrás un punto montado altamente ornamental y muy sencillo de hacer.

Piña que la niña

Comienza rellenando el área con medio satín.

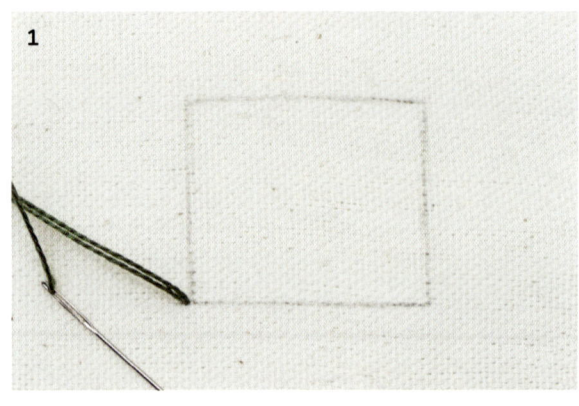

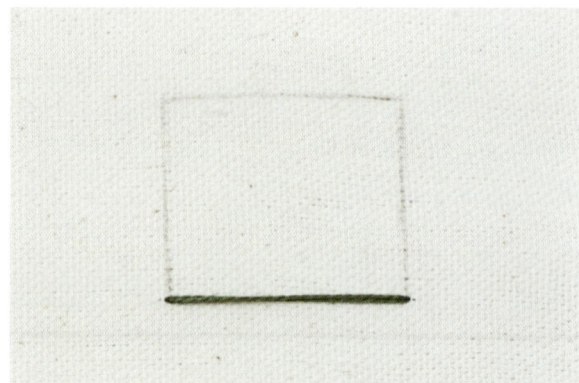

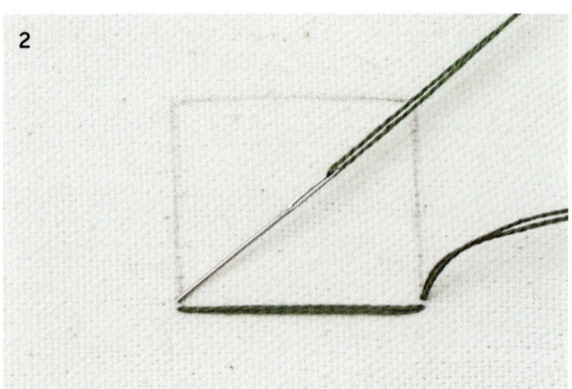

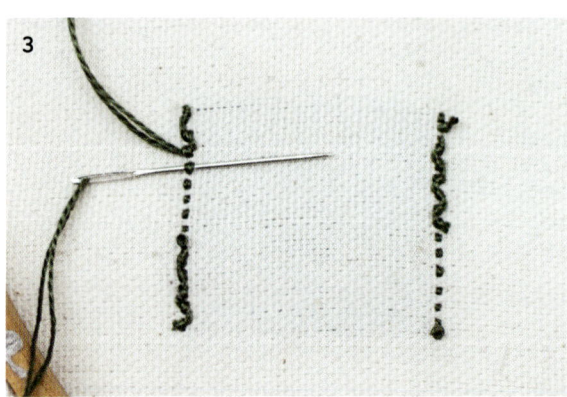

1. Sal con hilo a doble hebra en el contorno de la figura y entra por el otro lado.

2. Sal inmediatamente por donde entraste y vuelve a atravesar hasta rellenar toda la figura. Esta puntada se llama medio satín.

3. Remata como siempre.

4. Sobre el relleno borda, a una hebra, líneas perpendiculares al relleno con una separación uniforme. La separación dependerá del tamaño de la figura.

5. Sobre estas líneas borda con la misma separación, el mismo hilo y a una hebra otra capa formando una cuadrícula.

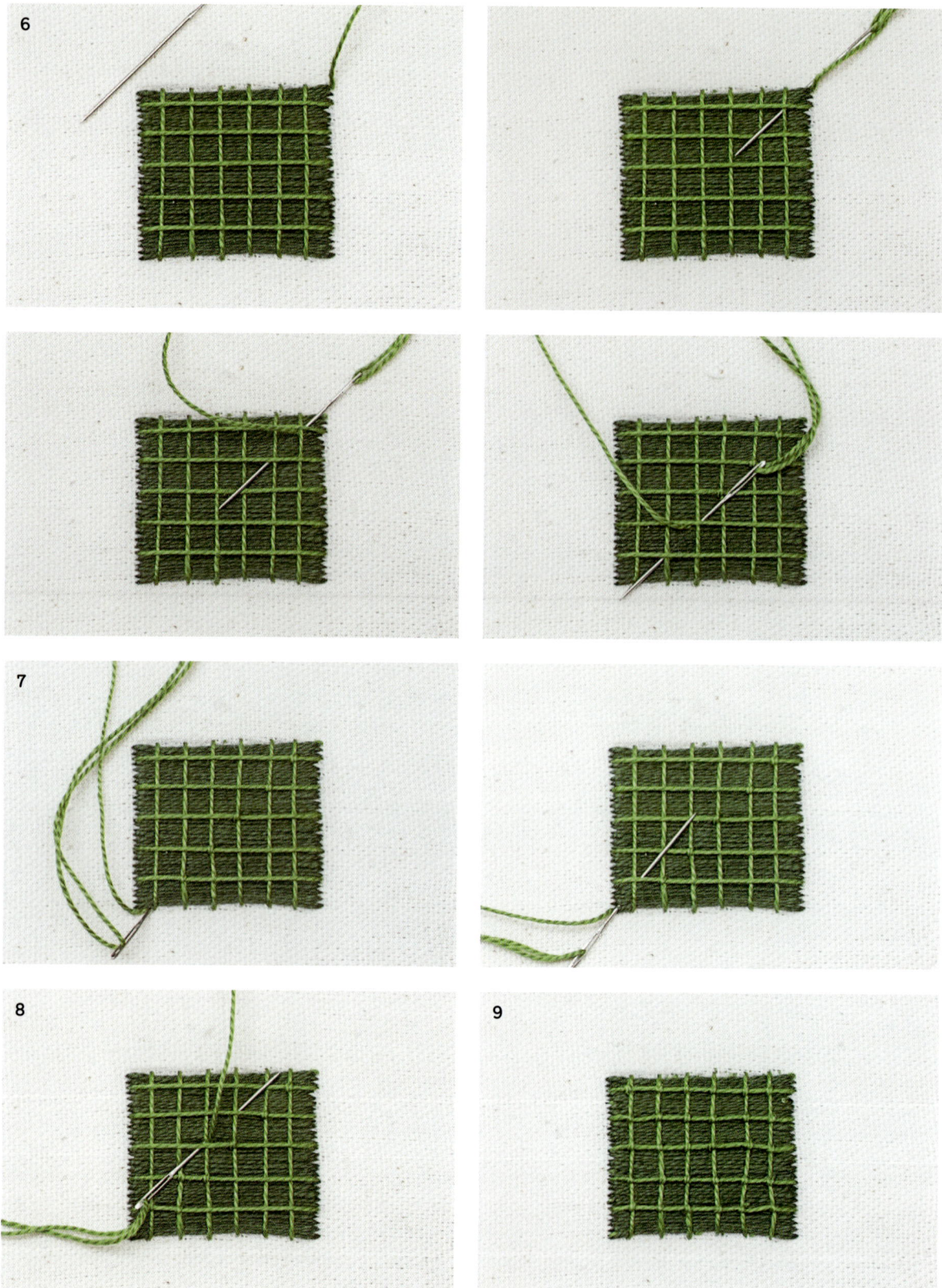

6. Gira la tela 45 grados para que veas el bordado como si fuera un rombo y así te resulte más sencillo realizar este paso. Sal a un costado de la figura y sin atravesar la tela, con una aguja ciega, pasa por debajo del relleno inicial hasta la primera intersección de la cuadrícula y abraza la junta para fijar la esquina del rombo.

7. Vuelve a pasar debajo del relleno sin atravesar la tela hasta la siguiente esquina y abraza para fijar.

8. Sigue así hasta completar la línea, atraviesa la tela al final y sal en la línea siguiente.

9. Fija toda la cuadrícula de este modo.

10. Cambia de color. Con la aguja ciega a una hebra y a través de las intersecciones que fijaste saca una línea que atraviese la línea de rombos.

11. Repite este paso en toda la cuadrícula.

12. Repite el paso para crear una cuadrícula B sobre la cuadrícula inicial.

13. Cambia de color de hilo y sal a un costado del trabajo.

14. Pasa debajo del relleno inicial hasta la primera intersección de cuadrículas y sal por donde entraste.

15. A partir de aquí pasa la aguja por debajo de cada uno de los hilos que forman la cuadrícula usando la intersección de centro, y ve forrando cada uno formando una pequeña flor en cada junta.

16. Puedes dar tantas vueltas como quieras para hacer más o menos grande el motivo.

17. Remata por la parte de atrás, como siempre.

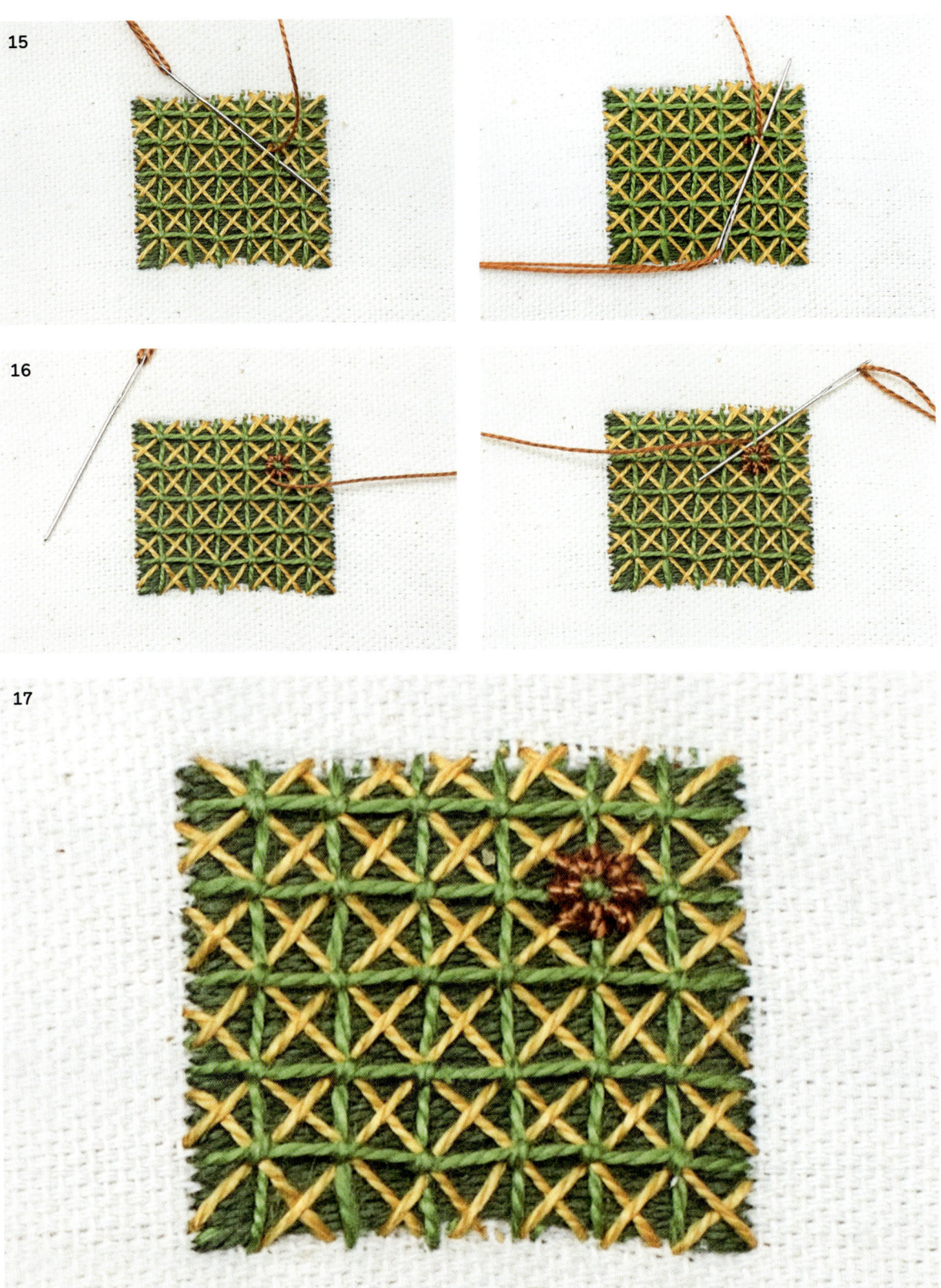

Sandía al petatillo doble

Escoge dos colores de hilo mínimo para dar contraste a la puntada y que se note. Puedes hacerlo en un solo color pero quedará un relleno uniforme con una textura sutil.

1. A hebra simple y con aguja de punta borda un medio satín en múltiplos de cinco intercalando colores.

2. Cambia de color, y esta vez la puntada irá de modo transversal a la primera parte de la puntada. También a hebra simple selecciona cinco hebras y levántalas con la aguja para pasar la hebra por detrás; hay que contar cinco y pasar por arriba, y contar cinco y pasar por abajo. A este trabajo se le llama petatillo, y en este caso se trata de un petatillo a cinco hebras.

3. Al final tendrás un tramado que luce con la mezcla de colores. Si quieres darle un poco más de contraste, puedes usar un tercer color y pasar hebras aleatoriamente para realzar el trabajo.

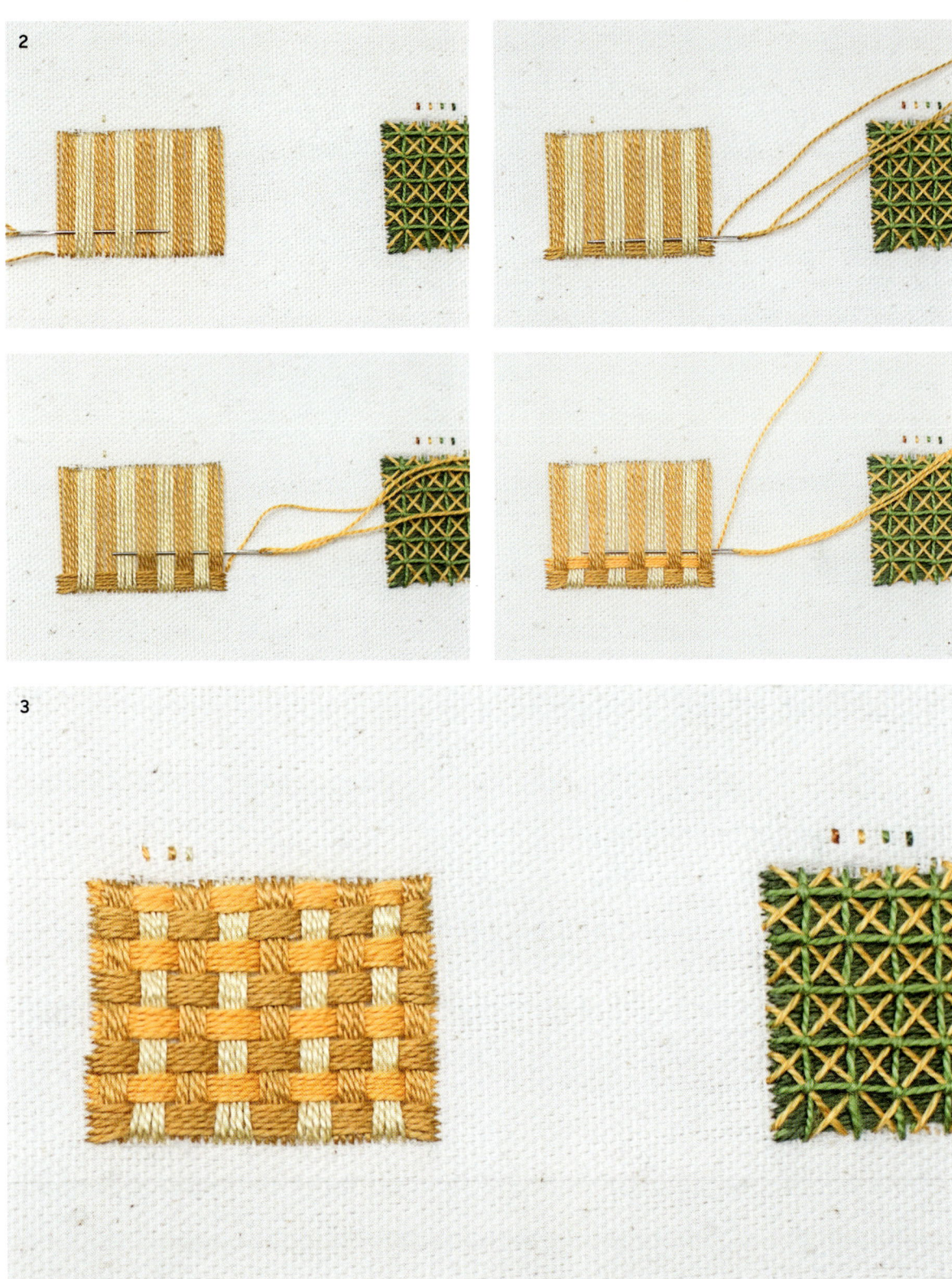

Petafresa

Cuando trabajas esta puntada con colores de la misma familia se crea un efecto óptico que matiza armónicamente los colores.

1. Comienza haciendo medio satín en el área a cubrir.

2. Con otro color borda una cuadrícula uniforme sobre esta y fíjala como en la primera cuadrícula de la piña.

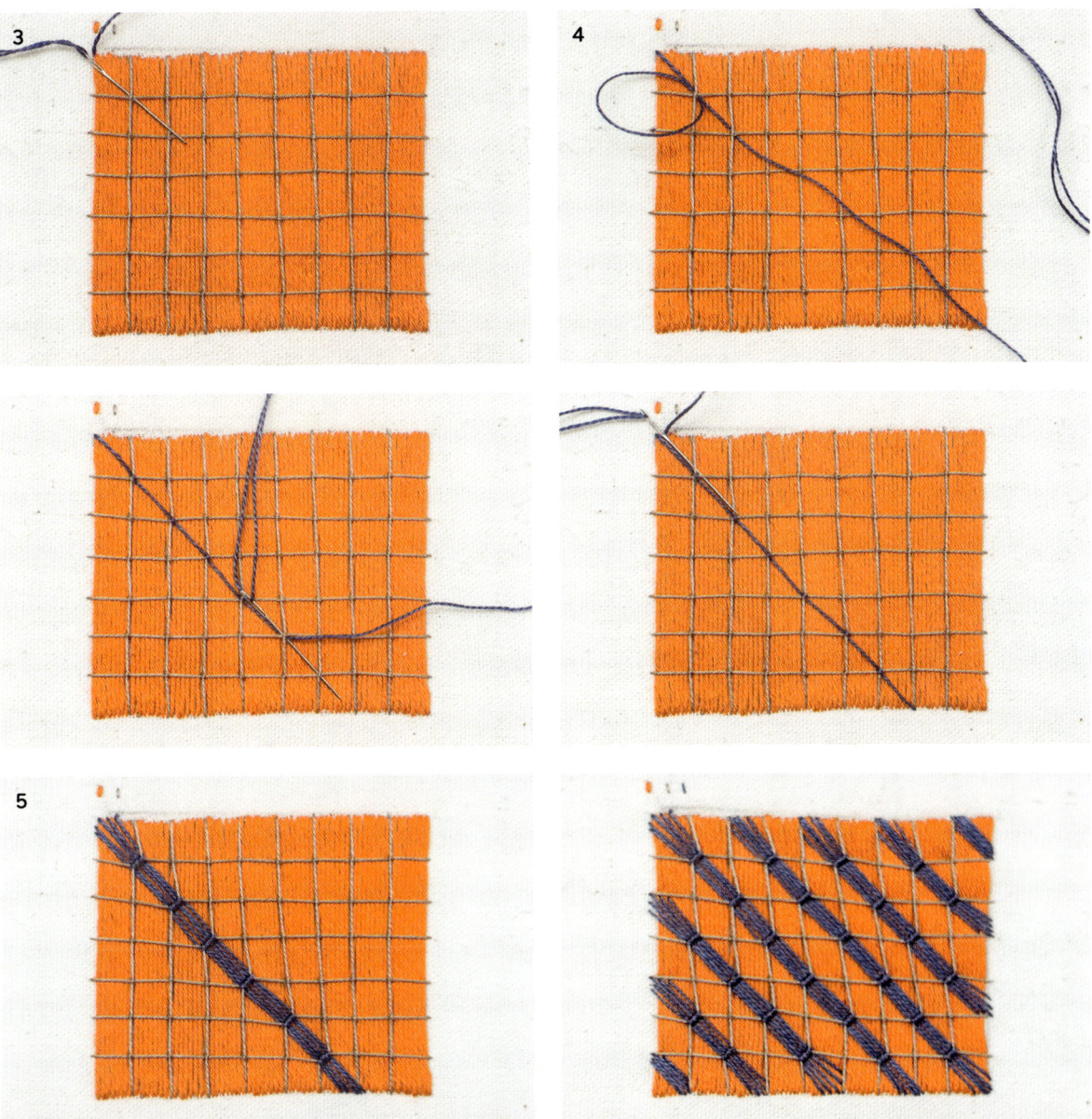

3. Vamos a trabajar sobre las diagonales creadas por la cuadrícula. Puedes girar un poco la figura para verlas mejor.

4. Con un tercer color (violeta) sal en contorno y abraza las líneas que interceptan con la dirección de la diagonal.

5. Aquí se ven las diagonales terminadas, una hacia cada lado. Repite hasta cubrir toda el área de la diagonal.

6

7

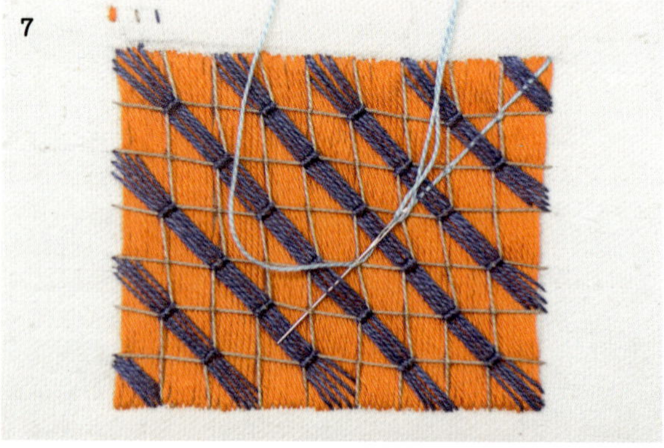

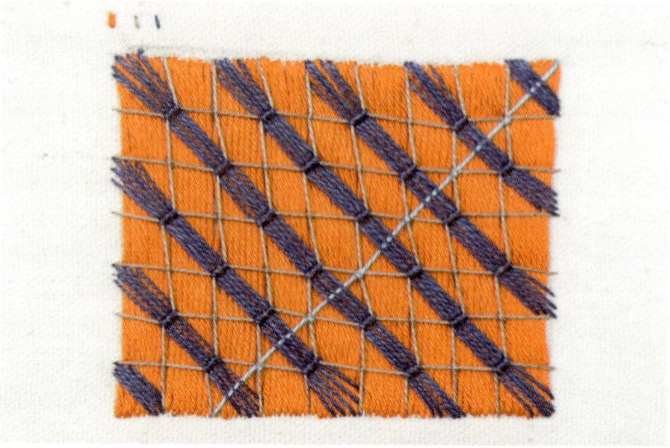

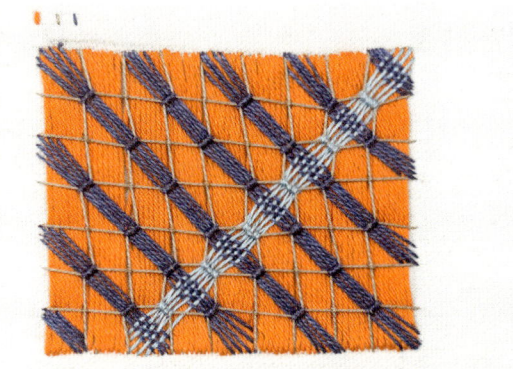

8

6. Con un cuarto color, ahora hay que rellenar el resto de la figura del mismo modo, con la misma cantidad de hebras trabajando una diagonal sí y la otra no.

7. Sal en contorno del lado contrario, abraza del mismo modo la cuadrícula de las diagonales, pero esta vez al pasar por donde hiciste la diagonal anterior, haz petatillo hebra a hebra del trabajo anterior.

8. La cuadrícula se abrirá por la tensión natural del punto y quedarán partes redondeadas en el trabajo final.

Bordado mazahua

Valle de Bravo, estado de México

El bordado mazahua implica entender de geometría básica y matemáticas, utilizar el raciocinio y tener pasión por la perfección.
Jan Christian, bordador

En Valle de Bravo, el espectáculo de las mujeres mazahuas con sus coloridos tableados y sus bordados escondidos bajo las enaguas es precioso. Es curioso que, esta vez, quien me ha enseñado a bordar ha sido un hombre. Un chico de 21 años, Jan, osadamente joven para la maestría que tienen sus manos.

Se dice que el bordado mazahua ha de tener errores, porque lo único perfecto es Dios. Y vaya si los tuve, aunque no se me permitía tener ninguno. "Haz que el hilo sea uno con la tela", me decía Jan, mientras yo tenía la cabeza llena de frustración, con la sensación de quien intenta aprender la tabla del siete y falla.

El bordado mazahua tiene una lógica visual para aprender los pasos, pero no es un baile. Es una marcha, un toque de bandera. Es dejarse conquistar por el tiempo. Para la mujer mazahua, bordar ha sido siempre una forma de escribir. No conozco el idioma, aunque siempre, cuando emprendo la misión de conocer un nuevo tipo de bordado, pienso más allá del bordado, en todo lo que sucede mientras se borda y cómo el lenguaje es parte fundamental para su comprensión. ¿Cómo sentir en un idioma que no entiendes? ¿Cómo sentir de un modo en el que ya casi nadie quiere hablar? No me permito acercarme sin antes aprender palabras que, para mí, son básicas, como "buenos días" (*jiasma*), "buenas noches" (*tsökuaji*) y "gracias" (*pokjú*).

Es curioso cómo la gente que trabaja con las manos suele ser más accesible. Y digo "accesible" por ponerle un adjetivo a la recurrente recepción, en las comunidades indígenas, de miradas recelosas y desaprobadoras, a alguien que es la primera vez que pone un pie por ahí.

Siempre llego con la guardia baja, pues mi misión no es de guerra. Lo mío es el zurcido ignoto. Acostumbrados a no creer en las buenas intenciones de otros y a recibir dádivas a cambio de su trabajo, los mazahuas no relacionados con la producción artesanal desconfían abiertamente de quien llega a su comunidad. Sobra decir que mi curiosidad no ha sido siempre bienvenida.

La gente no es fácil. Pero en la renuencia a "esta extraña muchacha" yo veo un bastión de resistencia histórica y cultural al que es un honor ceder para entrar. Intenté mostrar respeto con distancia, como ellos lo mostraron desde el principio.

Existen dos asentamientos mazahuas importantes: uno en Michoacán y otro en el estado de México. En ambos se trabaja el lomillo a dos agujas de lana sobre lana, pero solo en una comunidad de San Felipe Santiago (en el estado de México) se trabaja el bordado fino en algodón sobre algodón. En México no se consigue lana de buena calidad por la altitud y la temperatura. Por eso este tipo de bordado se realiza en algodón.

En la simbología del bordado mazahua podemos encontrar no solo los recurrentes elementos del entorno, sino también lo que podría ser el mito de la creación de la gente venado. La técnica y los motivos se han pasado de boca en boca durante generaciones.

Es difícil hacerse una idea de la cosmogonía mazahua, ya que el archivo de su cultura es prácticamente inexistente. Por este motivo hay que buscar su historia en otros lados. En el bordado mazahua se tiene una perfecta concepción de la estructura de un dibujo. El punto, la línea, el contorno, la dirección, el tono, el color, la textura, la dimensión, la escala y el movimiento son elementos que hacen que el bordado mazahua tenga una lógica muy particular. Se trata de un pensamiento elemental que no está presente en otros tipos de bordado mexicano.

Para la comunidad mazahua bordar ha sido un modo de mantenerse en el tiempo, de sobrellevar la existencia, de que su presencia en el mundo no pase desapercibida.

Una joven viuda no lleva color porque en el luto no se llevan colores vivos: "*Una se cansa los ojos de ver, pero una para de llorar*". Y es que el bordado hace precisamente esto.

Antes de irme prometo volver para regalarles un libro donde aparezcan sus historias. No les importa mucho. Me despido tan cariñosamente como mi torpe mazahua y mi rostro me lo permiten: "Ndo nichko ra jogútsú!", que quiere decir 'pronto te curarás', aunque pensaba que quería decir 'hasta pronto'. Ahora, al pensarlo, me parece de una bonita lógica, como el bordado.

PUNTOS
Lomillo a dos agujas. Recta

Lo llaman "bordado a dos agujas" pero trabajan con una sola aguja. En realidad, llaman "agujas" a los hilos de la trama y la urdimbre de la tela en la que bordan

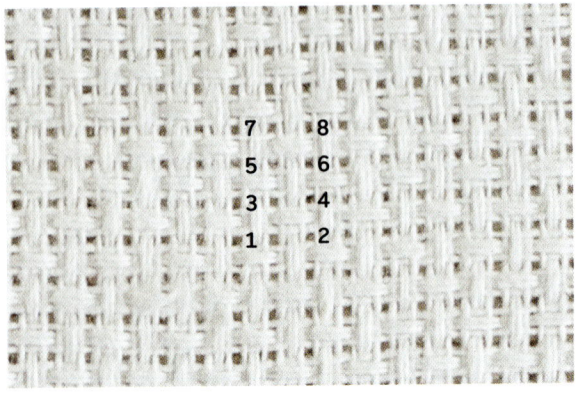

Para hacer los puntos usaré punta ciega con hilo perlé sobre cuadrillé de algodón para que sea más sencillo. Las piezas están hechas con hilo mouliné a una hebra sobre manta de algodón. En el bordado mazahua nunca se hacen nudos.

Voy a empezar enumerando el esquema para saber exactamente a qué parte de la cuadrícula me refiero.

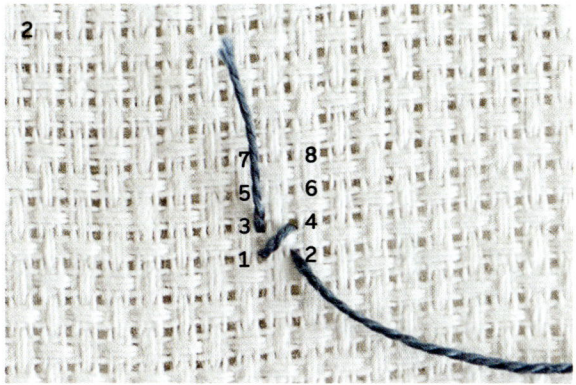
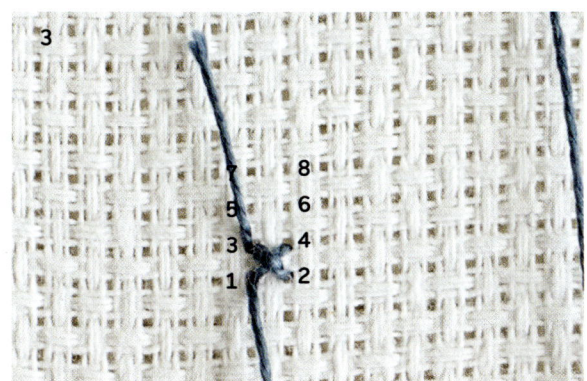

1. Empieza en 3 por arriba de la tela dejando una colita y saliendo en 1.

2. Cruza entrando en 4 y saliendo en 2.

3. Forma una cruz fijando el inicio, entrando nuevamente en 3 y saliendo en 1.

4. De 1 entra en 6. Aquí es donde se hace la sobrepuntada que le da el nombre de lomillo a dos agujas, pues da la impresión de que se hace a dos agujas por el sobrebordado. Sal en 4.

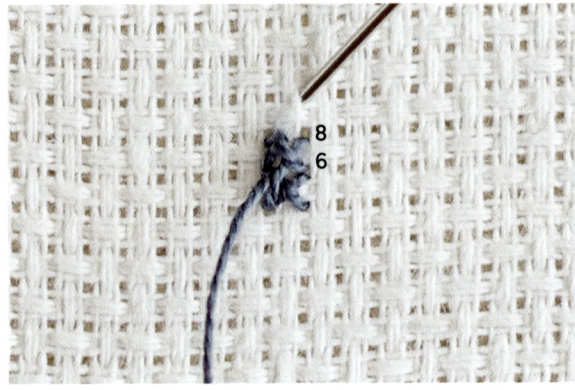
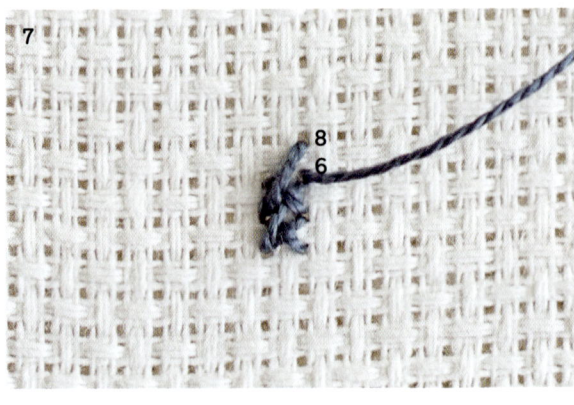

5. Puedes cortar la colita inicial, pero lo ideal es esconderla entre el lomillo para que el bordado quede firme.

6. Entra en 5 y sal en 3.

7. Aquí se forma nuevamente la cruz del principio, donde sale la puntada larga para formar el lomillo a dos agujas entrando en 8. Sal en 6

8. Entra en 7 para crear nuevamente la cruz base y sal en 5 para hacer la puntada larga.

9. Sigue así hasta completar el tramo de línea que quieras.

10. Si la puntada está bien hecha, deben verse un par de líneas paralelas en la parte de atrás.

9

10

Para girar a diagonal en recta

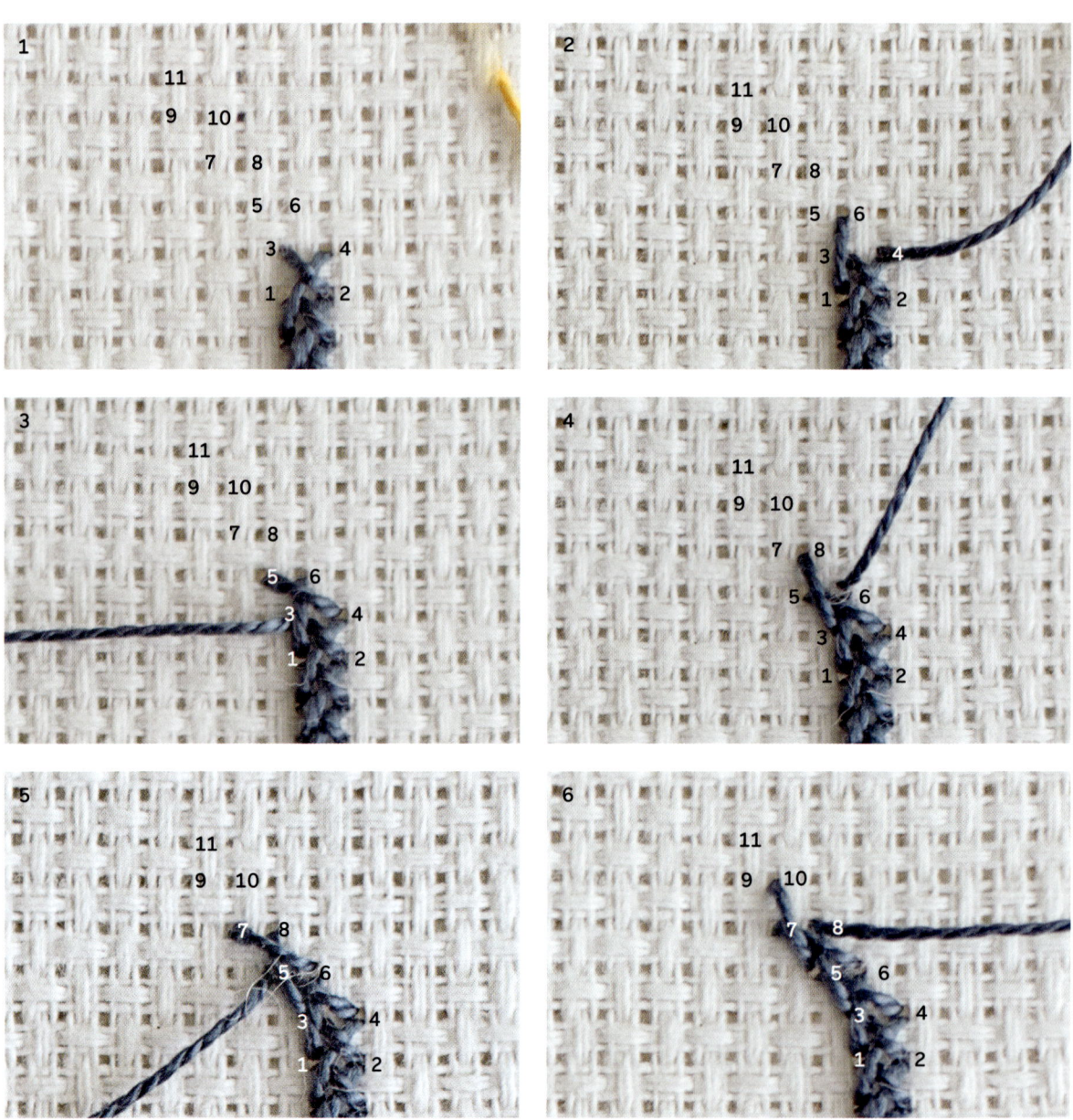

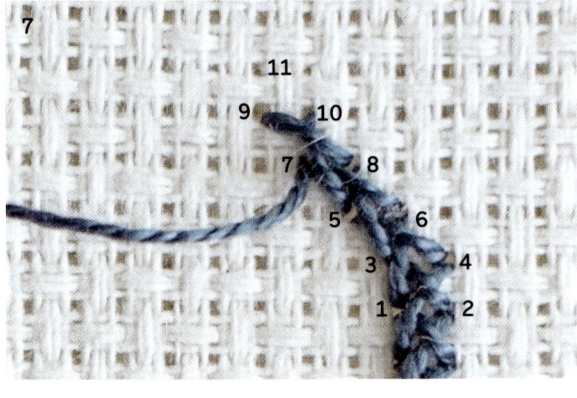

1. Para girar a diagonal voy a empezar justo antes de dar la puntada larga, es decir, el paso 4 explicado en la recta. Para esto he vuelto a numerar el cuadrillé, esta vez con el fin de explicar la diagonal.

2. Retomando el paso 4 de la recta debes estar en 1 a punto de lanzar el lomillo. Entra en 6 para, en lugar de lanzar el lomillo, hacer una línea recta y cruzar por detrás para salir en 4.

3. Entra en 5 y sal en 3.

4. Entra en 8 y sal en 6.

5. Entra en 7 y sal en 5.

6. Entra en 10 y sal en 8.

7. Entra en 9 y sal en 7.

8. Entra en 11 y sal en 10. Si te fijas en la diagonal, son solo puntadas largas entrelazándose.

9. Sigue así hasta terminar el tramo deseado y para rematar mete la aguja entre la trenza y corta al ras con cuidado.

10. Fíjate en tu revés, deben ser líneas paralelas.

Para girar a diagonal en lomillo

1. Al igual que la diagonal en recta, hay que partir del mismo punto, antes de dar la puntada larga, el paso 4 explicado en la recta. Ojo: El esquema y la puntada son distintos a la diagonal en recta.

2. Retomando el paso 4 de la recta, hay que estar en 1 a punto de lanzar el lomillo. Entra en 5 para hacer esto último y cruza por detrás para salir en 3.

3. Entra en 6 y sal en 4.

4. Entra en 7 y sal en 5.

5. Entra en 8 y sal en 6.

6. Entra en 9 y sal en 7.

7. Entra en 10 y sal en 8.

8. Sigue así hasta terminar el tramo deseado y remata del mismo modo que en la diagonal en recta.

Rellenos

Para hacer rellenos en mazahua se hacen franjas una junto a la otra duplicando las puntadas.
Se engrosan y meten variaciones con color. Nunca se usan más de cinco colores en una sola pieza.

Zigzag

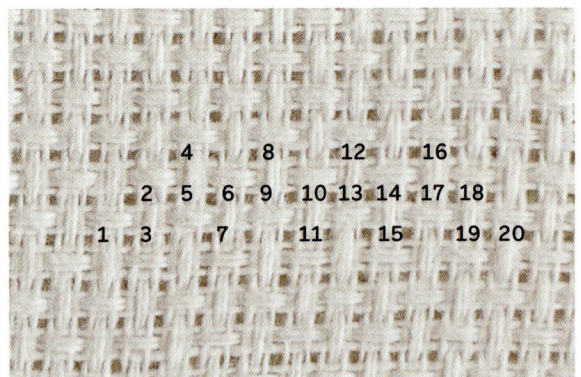

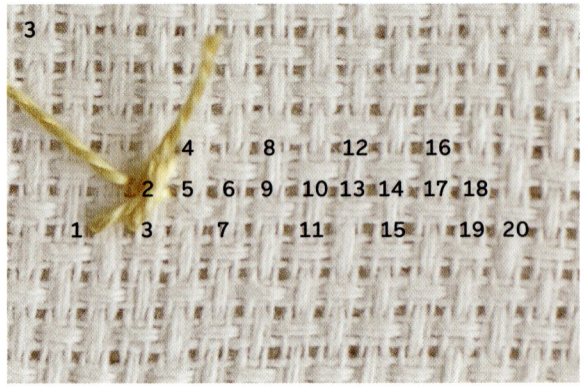
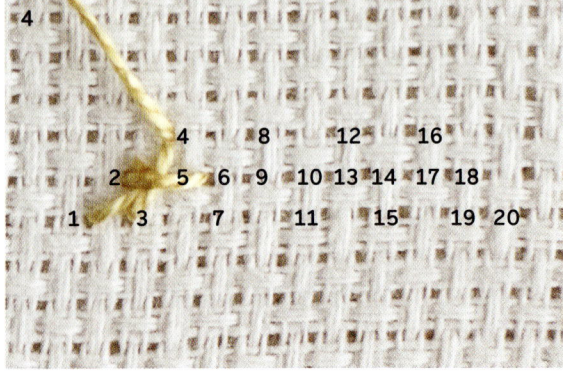

1. Entra en 2 y sal en 1.

2. Entra en 5 y sal en 3.

3. Entra en 4 y sal en 2.

4. Entra en 6 y sal en 4.

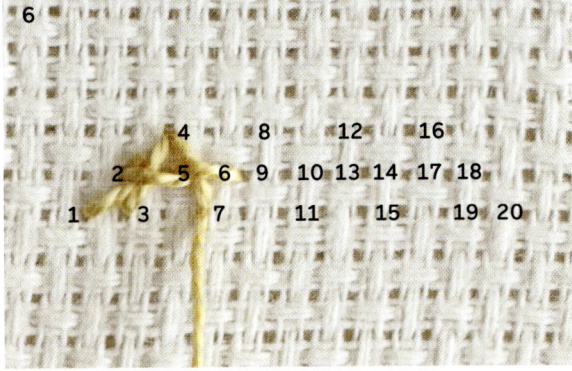

5. Entra en 7 y sal en 5.

6. Entra en 9 y sal en 7.

7. Entra en 8 y sal en 6.

8. Entra en 10 y sal en 8.

9. Entra en 11 y sal en 9.

10. Entra en 13 y sal en 11.

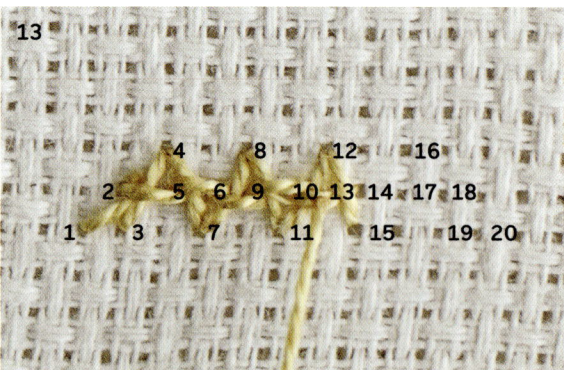

11. Entra en 12 y sal en 10.

12. Entra en 14 y sal en 12.

13. Entra en 15 y sal en 13.

14. Entra en 17 y sal en 15.

15. Entra en 16 y sal en 14.

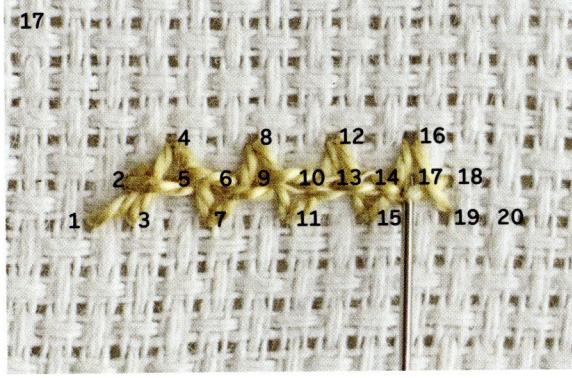
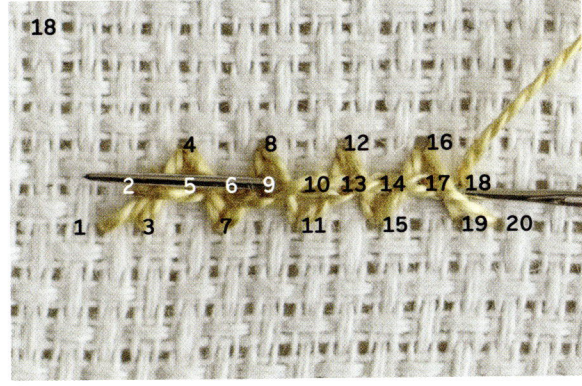
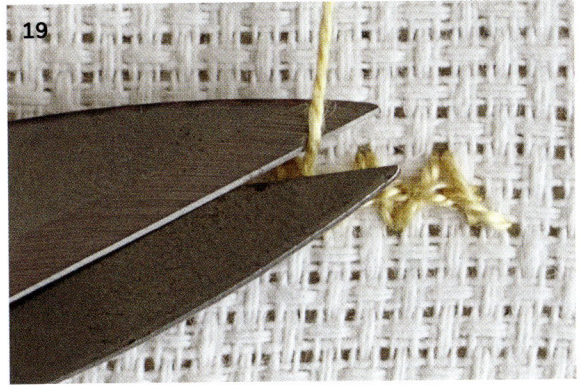

16. Entra en 18 y sal en 16.

17. Entra en 19 y sal en 17.

18. Entra en 20 para que quede simétrica y sal en 18 para rematar.

19. Para hacer el remate mete la aguja entre la trenza central y remata cortando al ras.

20. La puntada está bien hecha si por la parte de atrás tienes líneas paralelas en zigzag.

Luna

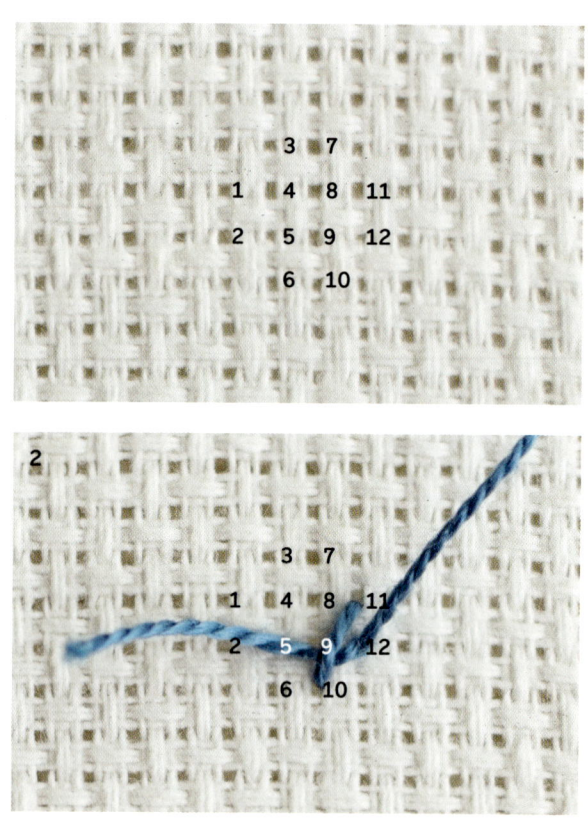

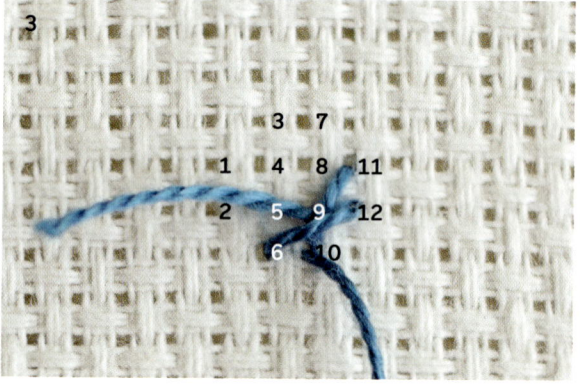

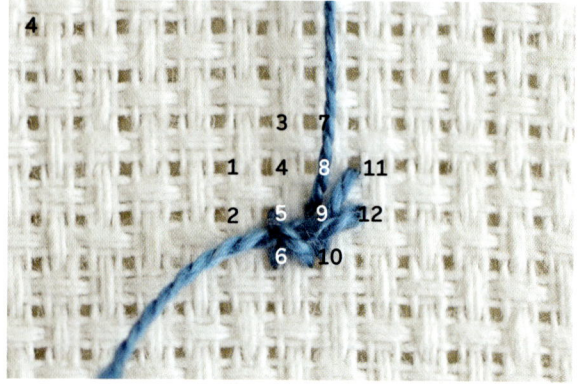

1. Entra en 12 y sal en 11.

2. Entra en 10 y sal en 12 (colita de remate que se empieza a esconder).

3. Entra en 6 y sal en 10.

4. Entra en 5 y sal en 9.

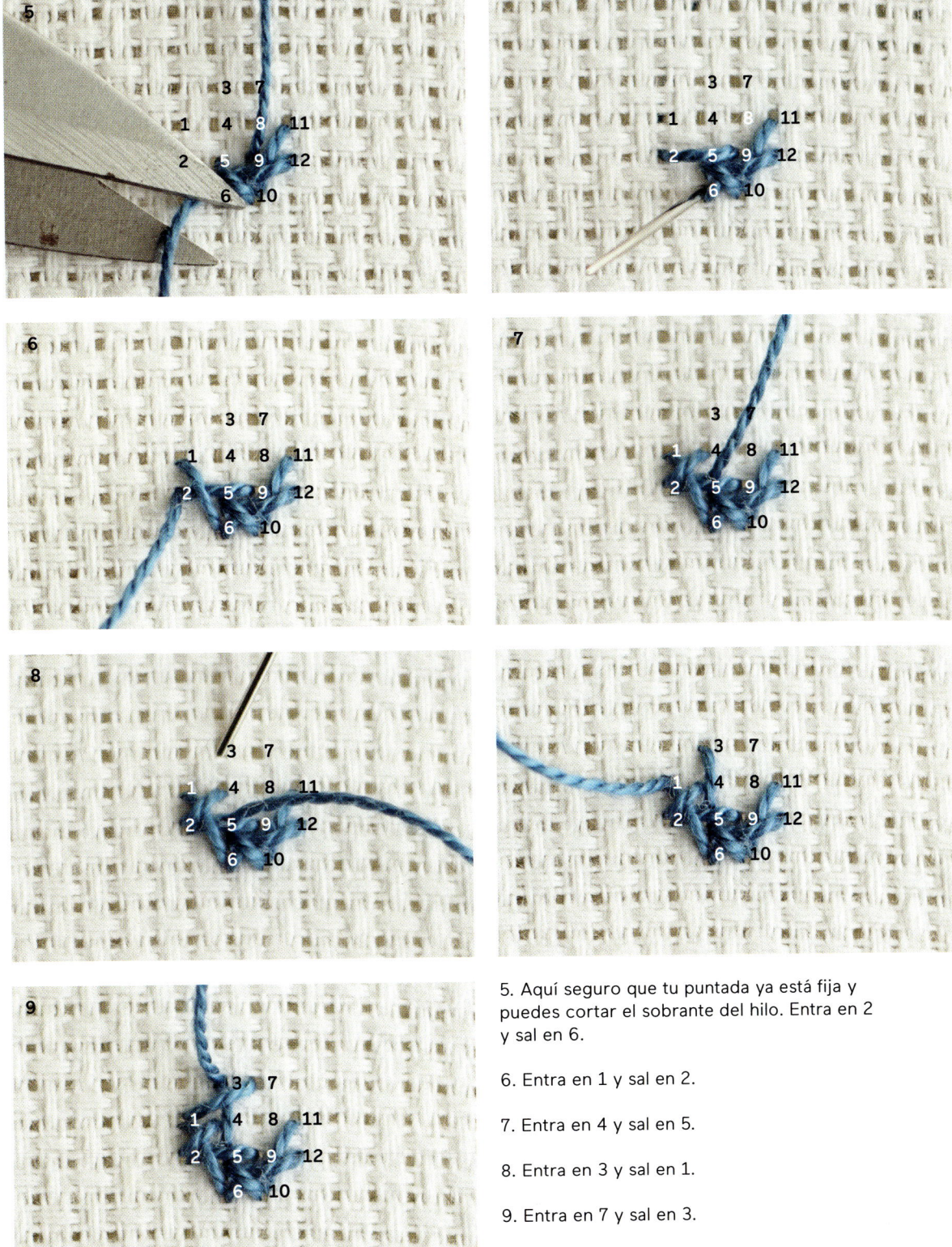

5. Aquí seguro que tu puntada ya está fija y puedes cortar el sobrante del hilo. Entra en 2 y sal en 6.

6. Entra en 1 y sal en 2.

7. Entra en 4 y sal en 5.

8. Entra en 3 y sal en 1.

9. Entra en 7 y sal en 3.

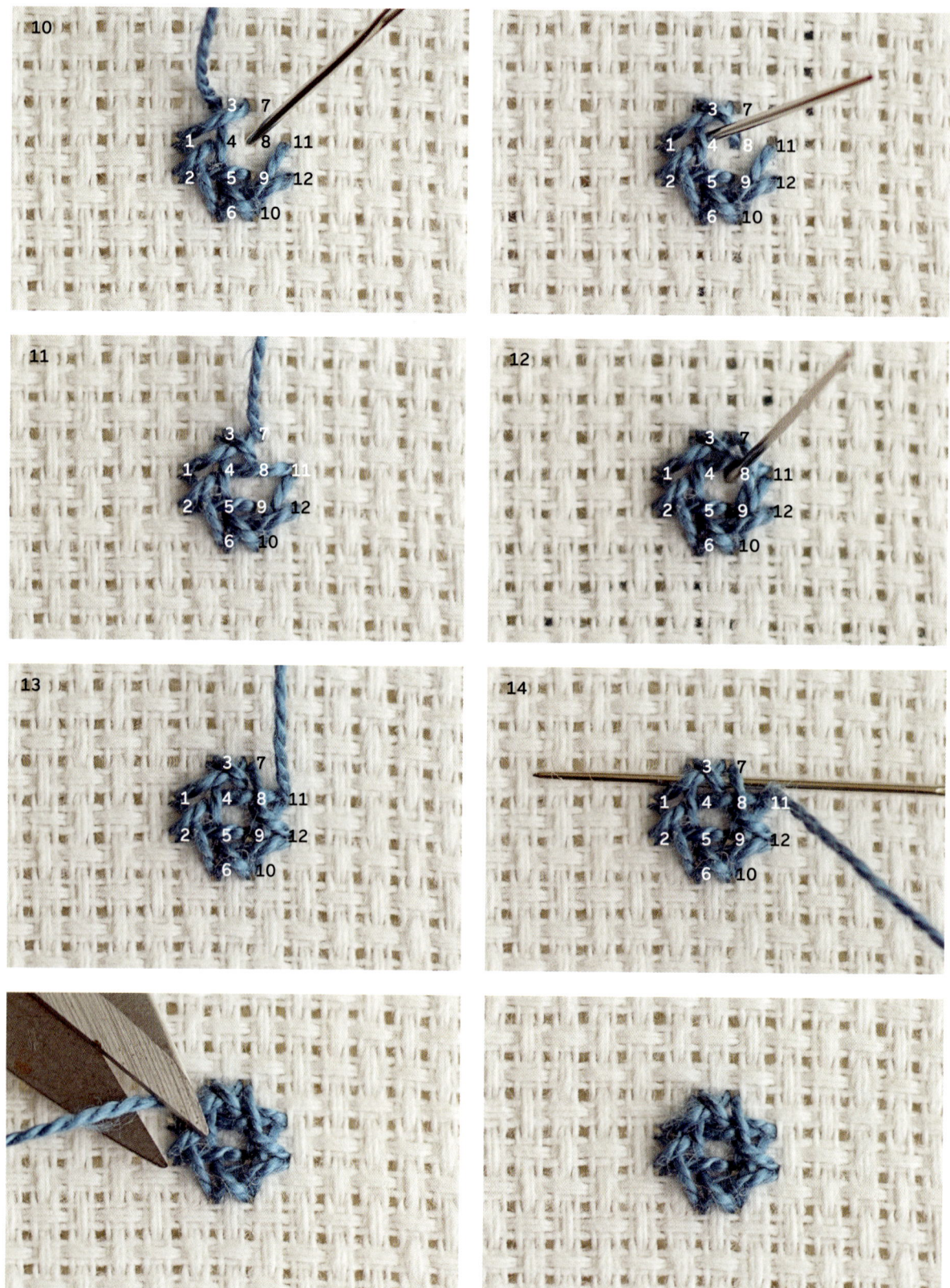

Una luna bien trabajada debe tener un esquema como este por la parte de atrás. A veces este punto se usa al revés en las piezas para usar el esquema en forma de luna, que es altamente decorativo.

10. Entra en 8 y sal en 4.

11. Entra en 11 y sal en 7.

12. Entra en 9 y sal en 8.

13. Entra en 12 y sal en 11.

14. Entra en el espacio entre 8 y 7 para rematar.

Ojo

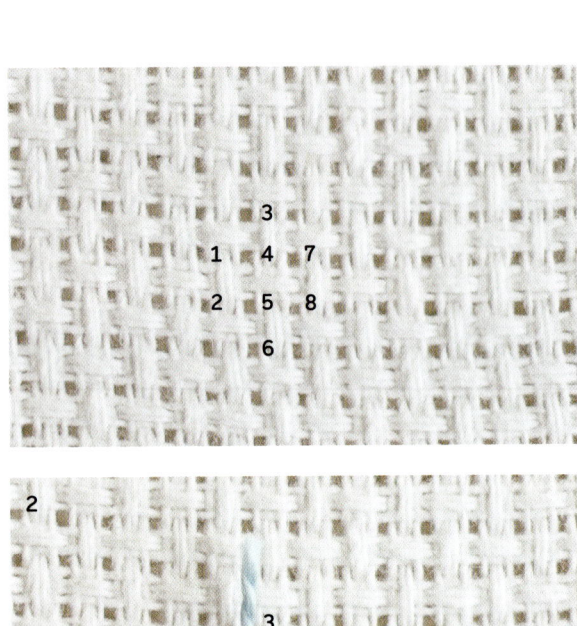

1. Entra en 4 y sal en 5.

2. Entra en 7 y sal en 8.

3. Vuelve a entrar en 4 y a salir en 5.

4. Corta la colita.

5. Entra en 3 y sal en 7.

6. Entra en 1 y sal en 3.

7. Entra en 2 y sal en 1.

5
3
1
4
7
2
5
8
6

6
3
1
4
7
2
5
8
6

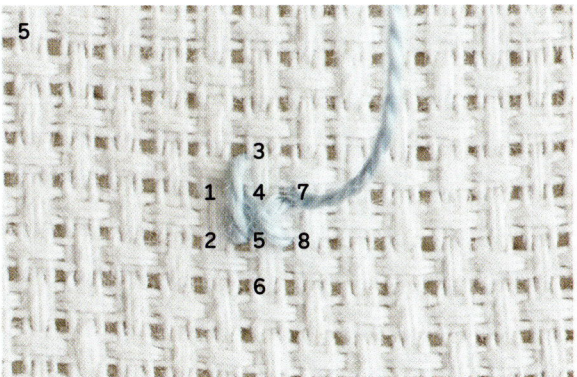

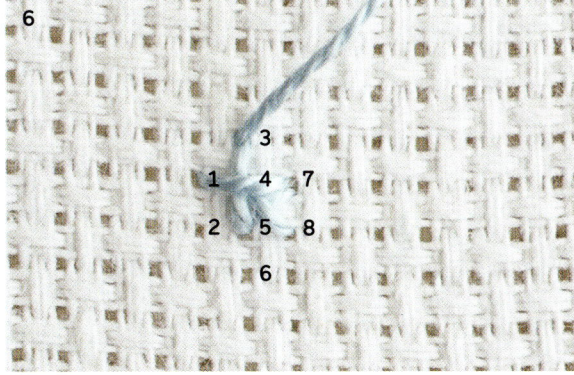

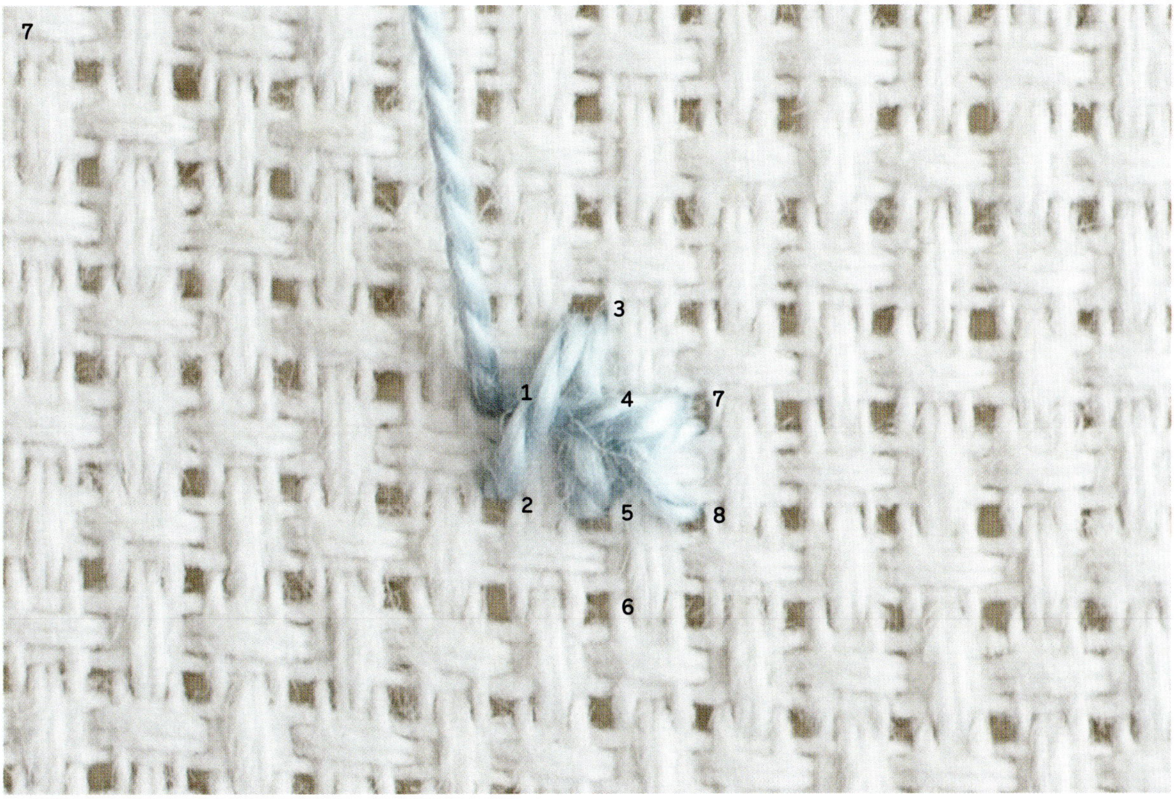
7
3
1
4
7
2
5
8
6

8. Entra en 6 y sal en 2.

9. Entra en 8 y sal en 6.

10. Mete la aguja en el orificio que queda entre 5 y 8 para rematar.

Con el revés de este punto se hacen los ojos, de ahí viene su nombre.

Careado de corazón

Todo se complica, pero que no cunda el pánico. El ritmo del bordado mazahua es muy lógico, casi matemático, y el cerebro absorbe esta secuencia a base de repetición.

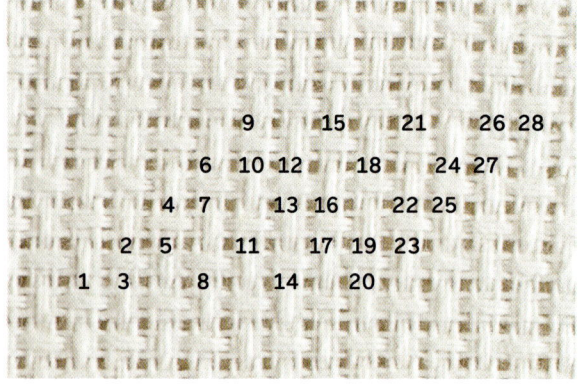

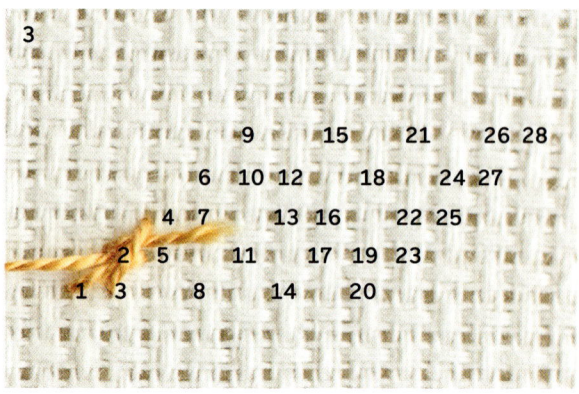

1. Entra en 2 y sal en 1.

2. Entra en 5 y sal en 3.

3. Entra en 4 y sal en 2.

4. Entra en 7 y sal en 5.

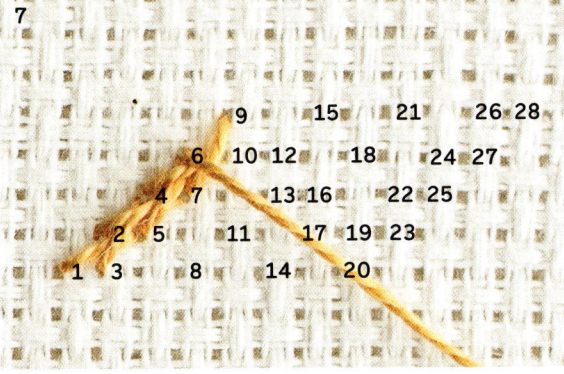

5. Entra en 6 y sal en 4.

6. Entra en 10 y sal en 7.

7. Entra en 9 y sal en 6. Fíjate en el revés, en este punto debes tener una diagonal de cuatro puntos en la línea larga y de tres en la pequeña. Si es así, puedes continuar. Pero si falta, completa, y si sobra, regresa.

8. Entra en 12 y sal en 9.

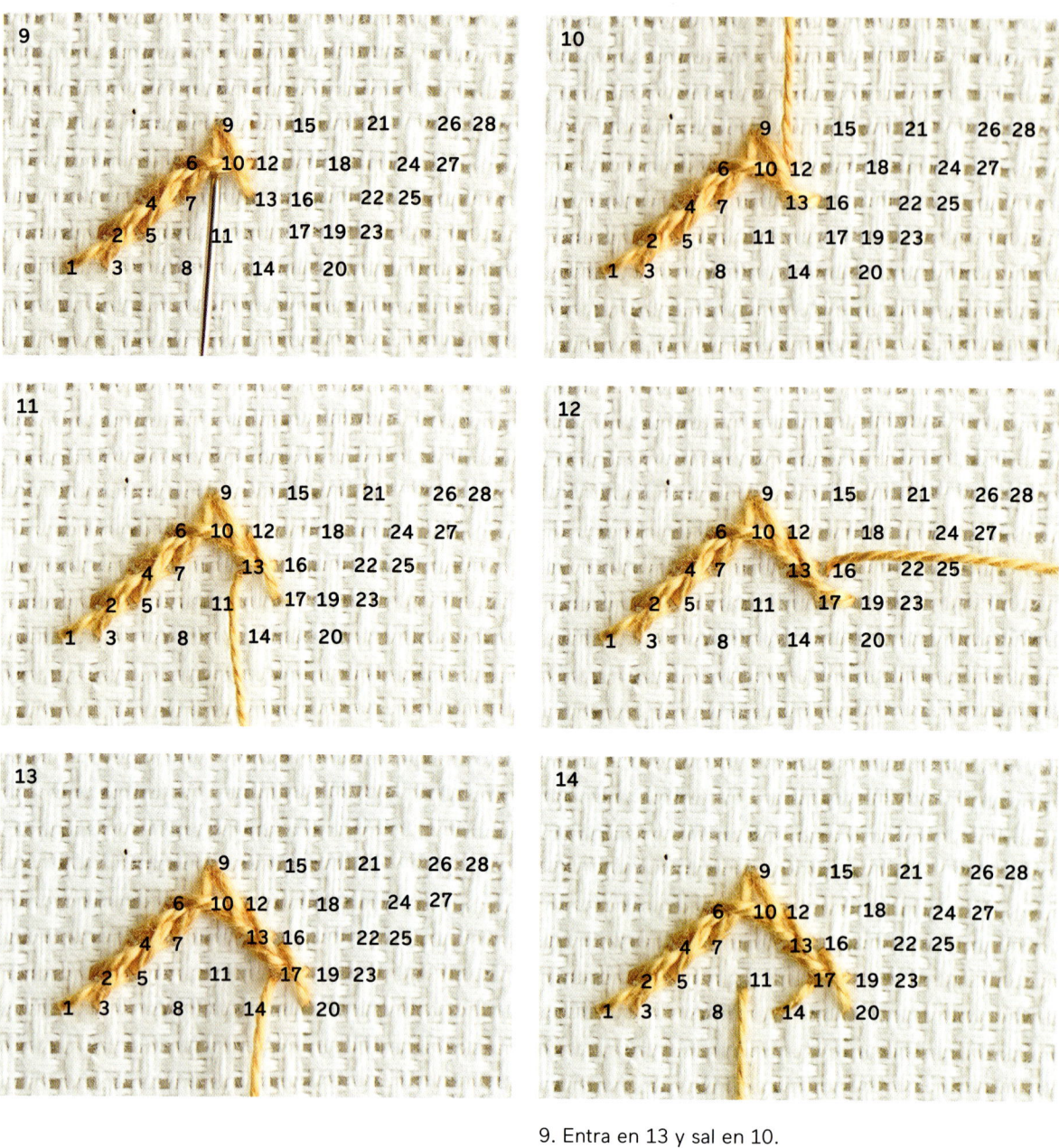

9. Entra en 13 y sal en 10.

10. Entra en 16 y sal en 12.

11. Entra en 17 y sal en 13.

12. Entra en 19 y sal en 16.

13. Entra en 20 y sal en 17.

14. Entra en 14 y sal en 11.

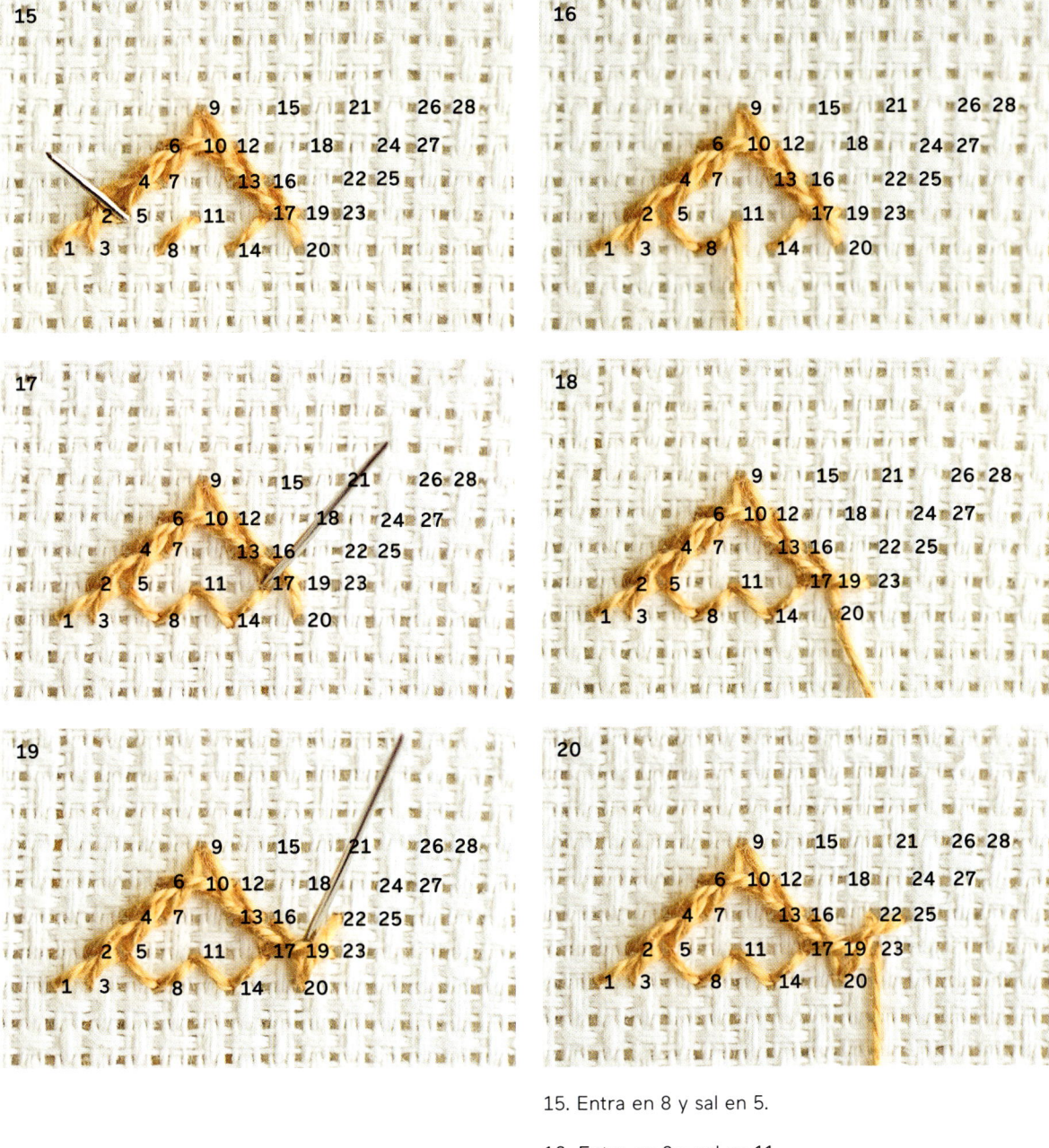

15. Entra en 8 y sal en 5.

16. Entra en 8 y sal en 11.

17. Entra en 14 y sal en 17. En este punto se ha formado el primer corazón invertido de la careada.

18. Entra en 23 y sal en 20.

19. Entra en 22 y sal en 19.

20. Entra en 25 y sal en 23.

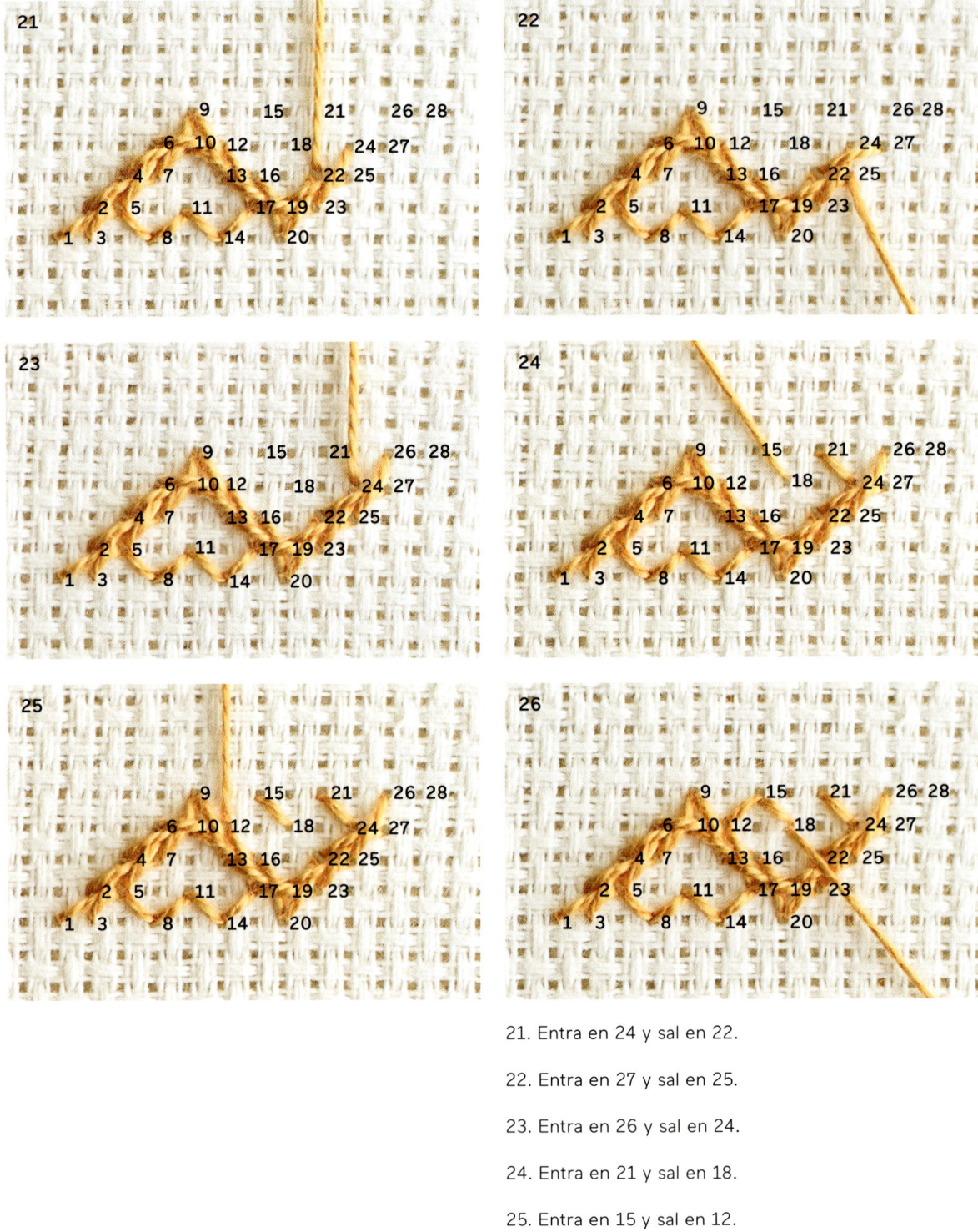

21. Entra en 24 y sal en 22.

22. Entra en 27 y sal en 25.

23. Entra en 26 y sal en 24.

24. Entra en 21 y sal en 18.

25. Entra en 15 y sal en 12.

26. Entra en 15 y sal en 18.

27. Entra en 21 y sal en 24. Aquí se termina el corazón a la inversa.

28. Entra en 28 para que la puntada te quede simétrica.

Puedes continuar el careado y hacerlo tan largo como quieras.

Bordado de pensamiento
San Antonino Castillo Velasco, Oaxaca

San Antonino es un pueblo verde que huele a cítricos. No fue sencillo rastrear el famoso bordado de pájaros y flores. Dentro de Oaxaca, San Antonino es especialmente alegre. Al llegar al pueblo, estuvimos preguntando por quién podría informarnos sobre el bordado típico de la región. En una tienda conocimos a una señora de bastante edad llamada Juana Aguilar, que nos dijo que la señora que se dedicaba al bordado tenía un puesto cerca del mercado y que su nombre era Severa Santiago. Antes nos había dicho que el enredo que se utilizaba era de lana roja y muy pesado. Nos contó, arrepentida, que ella había vendido su traje típico, y también nos explicó que ya muy poca gente lo usa o tiene el original.

No fue difícil reconocer a la señora Santiago entre las otras bordadoras que se reúnen en el mercado. Era una señora muy mayor pero se sentaba sin encorvarse. Había algo en ella que reconocí: una dignidad muy particular de quien se dedica a la costura, un quehacer que nos hermana sin importar el origen o la edad. Yo llevaba mis dibujos. Estuve dibujando los motivos de San Antonino desde que quedé enamorada de los bordados tras haber visto unas muestras en el Museo de Artes Decorativas de la Ciudad de México, y le ofrecí uno.

La señora Santiago nos cuenta cómo vendió su traje típico para comprar unas medicinas. Pero ella se hace su propia ropa y también se la hacía a sus nietos cuando eran chiquitos porque ahora ya no quieren. Aquí las mujeres heredan el oficio de bordadoras. En cada una de sus piezas plasman la tierra de las flores, en la que, de acuerdo con sus antepasados, se construyó la Heroica Villa de San Antonino. La lengua que se habla en la zona es el zapoteco o diidxazá. La elaboración de una de estas piezas puede tardar hasta seis meses. El bordado de pensamiento es uno de los más laboriosos y el hilo es difícil de trabajar.

Me causa malestar la historia de la señora Santiago, sobre todo al vivir el entorno social y político de Oaxaca. En los anuncios de publicidad política las señoras van vestidas con el traje típico usándolo como bandera del pueblo, pero nadie lo utiliza en las calles. Están usando el enredo de lana y algodón de San Antonino como un vínculo de identificación hacia la comunidad. El poder político, a través de su propaganda, se apropia de una imagen, reconocida por todos los habitantes, para ganar su confianza a través del traje perdido. Ningún habitante de la ciudad lo usa actualmente, incluso son pocas las personas que conservan el vestido familiar, solamente aquellas que bailan en los lunes del cerro o las fiestas.

El bordado dentro de la comunidad es tan importante que visten a las imágenes de la Virgen de Juquila y la Virgen del Carmen con delicadas piezas trabajadas durante meses como ofrenda a las santas patronas del pueblo.

Se llama bordado de pensamiento porque la flor que domina los diseños es el pensamiento. Para este tipo de trabajo se usa hilo mouliné de satín, que es mucho más difícil de usar que uno de algodón, ya que se enreda con mucha facilidad, aunque el brillo del hilo le da un acabado excepcional. La técnica en esta labor es, por tanto, muy importante.

No hay un nombre para el punto que se usa para hacer bordado de pensamiento, solo es uno.
Es un punto interesante, ya que es el que más se acerca al dibujo.

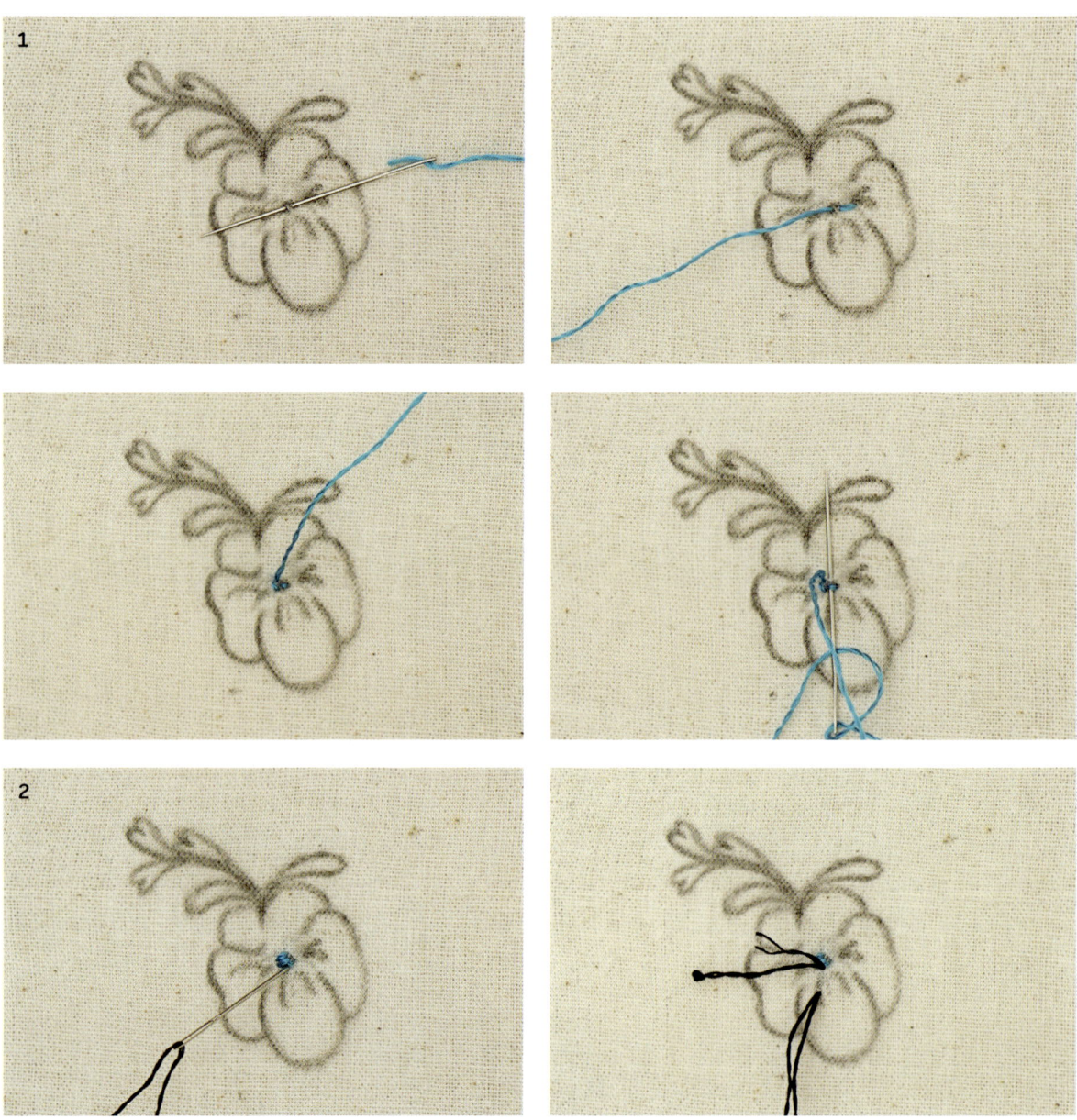

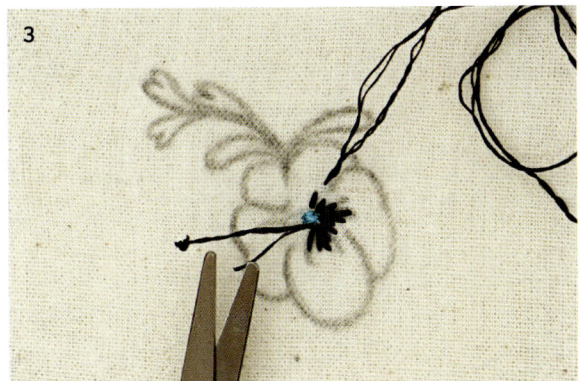

Vamos a trabajar con aguja de ojal largo con punta, 2/4 en hilo de satín.
Hay dos tipos de flores: las detalladas y las planas. El intercalado de ambas es lo que da movimiento a la imagen.
Para los pétalos de las flores detalladas escoge dos colores. En estas usarás siempre negro y amarillo, que son los colores base de este motivo.

1. En el bordado de pensamiento no se hacen nudos, así que empieza pellizcando la tela con uno de los colores para los pétalos en el centro. Vuelve a entrar y a salir en el mismo punto para fijar y da un par de pequeñas puntadas más para marcar el centro.

2. Cambia a hilo negro, fija la puntada del mismo modo y bordea el centro con puntadas dispares en forma de estrella.

3. No olvides cortar el hilo sobrante cuando fijes la puntada para evitar que se enrede. Recuerda que este hilo es delicado.

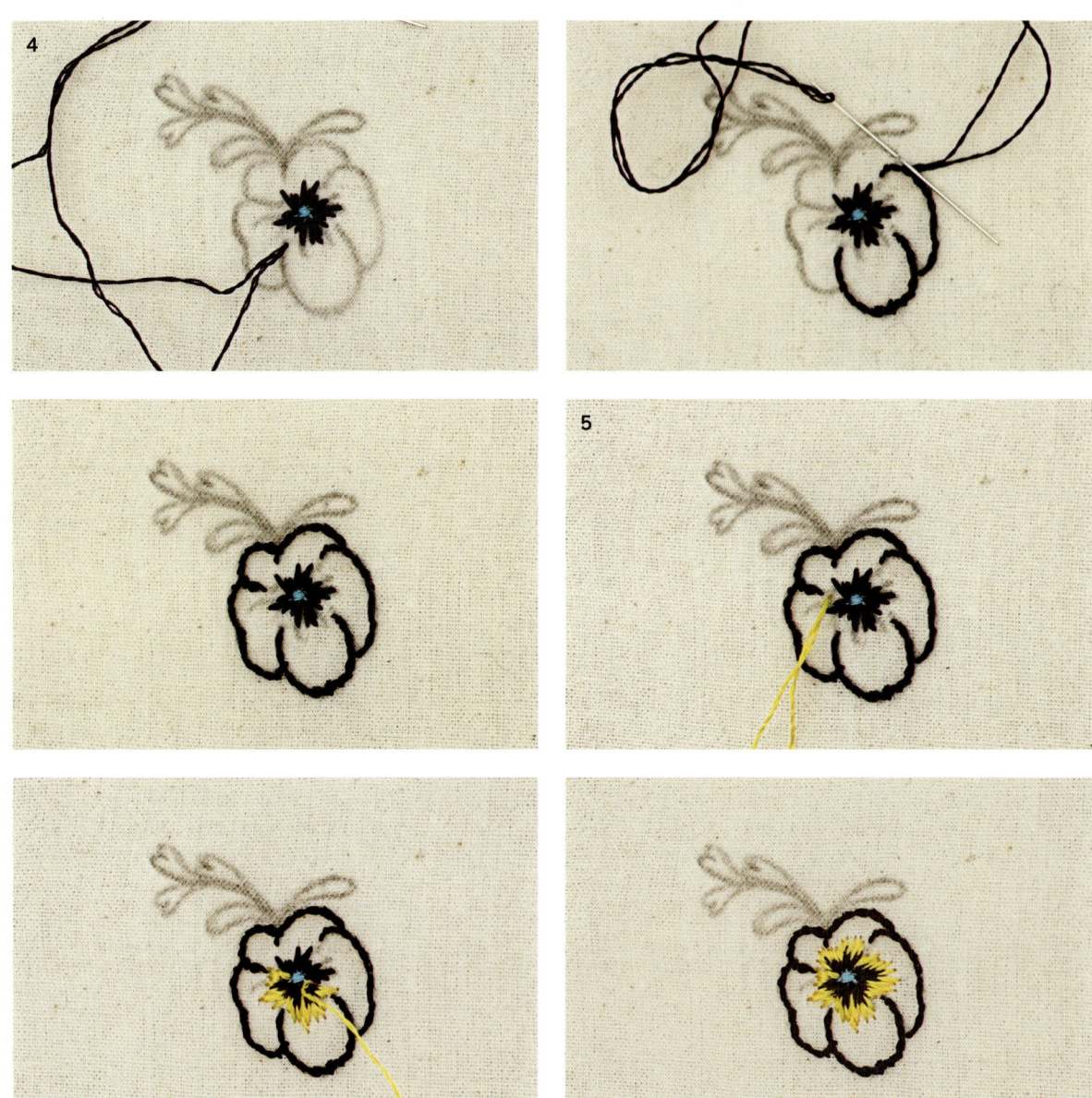

4. Con el mismo hilo negro pasa a delinear los pétalos de la flor con paso atrás.

5. Cambia a hilo amarillo y bordea la estrella negra comenzando a dar sentido a la puntada hacia los pétalos.

6. Cambia a uno de los colores que escogiste para los pétalos y continúa la puntada de la estrella amarilla hacia el pétalo que quieras trabajar.

7. El punto es sencillo, es relleno básico. Entra y sal de la tela, solo hay que ir dándole dirección y volumen a la figura con el sentido de las puntadas.

8. Intercala los colores que escogiste para los pétalos.

9. Remata por la parte de atrás enredando con los hilos del revés y corta al ras.

10. Juega con tonos de verde con el mismo punto para hacer tallos y hojas.

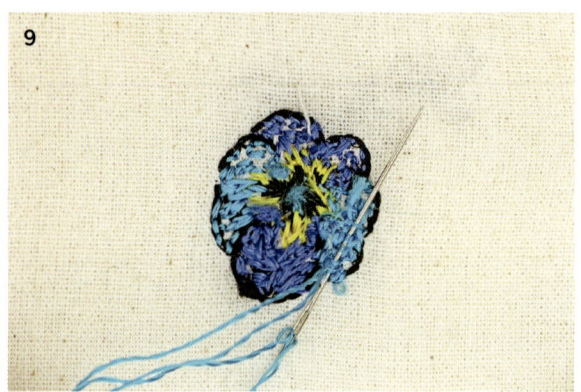

Para las flores planas se utiliza el mismo punto, pero a un solo color y sin contorno.

Bordado mixe

Oaxaca de Juárez, Oaxaca

Adelita era mixe de Oaxaca y ayudaba a mi madre con los quehaceres de la casa desde que yo tenía diez años. Era una señora amorosa, risueña y, además de cuidar de la casa, nos cuidaba a mi hermano y a mí. Pasó a ser parte de la familia. Mis padres son padrinos de sus hijos y recuerdo que odiaba viajar para ir a las fiestas de su pueblo cuando era niña. Todas las palabras mixe que conozco me las enseñó ella y la extraño mucho.

Ayuujk significa 'mixe' en su idioma. El espacio territorial de los ayuujk está dibujado por indígenas bilingües, cuya lengua materna es el ayuujk. Su asentamiento territorial está delimitado por un nicho ecológico en la zona alta del distrito mixe, sobre las faldas de la serranía del cerro Cempoaltépetl, situado en la sierra norte del estado de Oaxaca. El Cempoaltépetl es el centro del universo y un cerro sagrado en la cosmogonía de este pueblo.

Además de la relevancia que ha tomado el bordado mixe en estos últimos años, para mí era importante incluirlo en este libro. Al igual que las palabras sueltas de mixe que regresaron a mi memoria mientras trabajaba en este capítulo, también regresó el bordado. Aunque originalmente hecho a máquina, la traducción al hilván fue importante no solo para mí, sino también para las bordadoras "arrechas" —fuertes, serias, cabronas, según la traducción literal de Edith, una de las hijas de Adela— de la sierra de Oaxaca. Me comentaban que hace mucho tiempo también se hacía a mano, pero creo que fueron solo comentarios para amenizar la charla, pues nunca vi una pieza ayuujk hecha a mano con más de cinco años de antigüedad. Después de bordar a mano una entiende mejor su máquina, se concibe el bordado de otra manera y hasta parece otra cosa. Como Adela, que en realidad se llamaba Obdulia, pero la llamábamos Adela porque sus hijos nunca pudieron pronunciar su nombre.

El bordado mixe en realidad es muy simple, pero es precisamente esta sencillez la que lo convierte en un tipo de bordado muy elegante. Únicamente se usan dos colores: negro y rojo, utilizando, según la bordadora, ligeros matices hacia el vino y el púrpura. Existe una simbología muy rígida en la comunidad en cuanto al color y, a diferencia de otras comunidades, las bordadoras trabajan solas en sus casas.

Para que la línea se mantenga fina se usa hilo de costura con una aguja larga y flexible de ojal medio para costurera. No hay mejor modo de entender la plasticidad e importancia de la aguja que bordando.

En este tipo de trabajo se usa un solo punto con el que se componen todas las figuras, llamado *mujxp*, que en mixe quiere decir 'el que germina'. Este punto es un hilván muy parecido al punto holbein, que acompaña al punto de asís.

PUNTO
Mixe

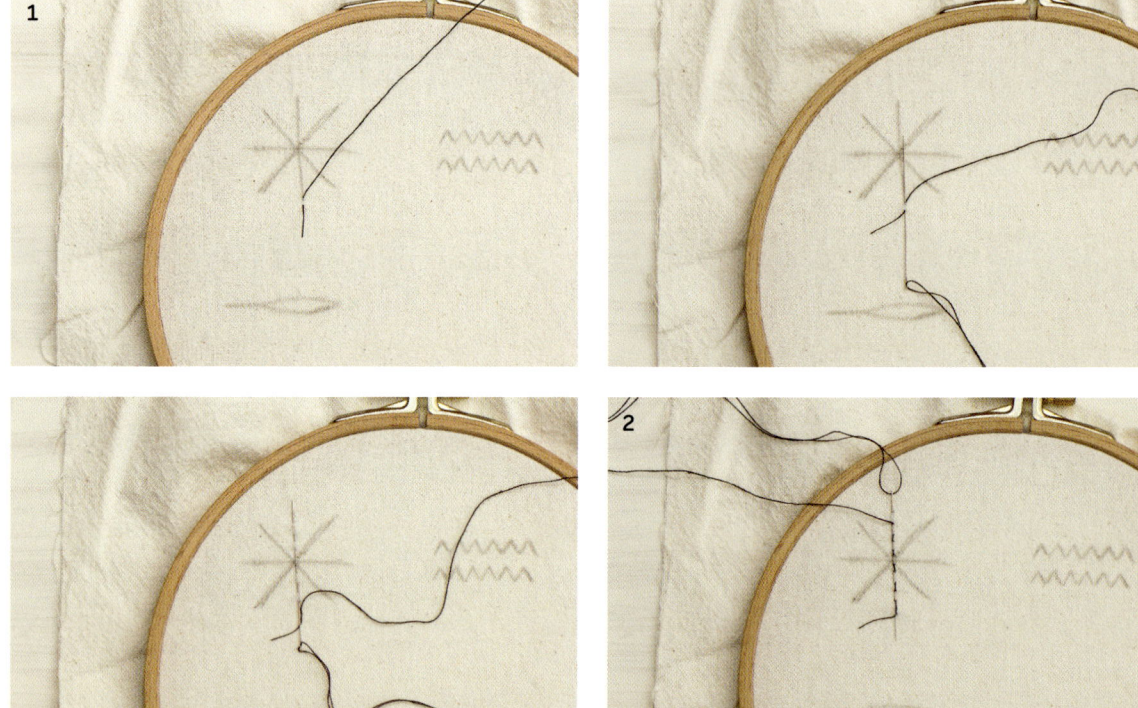

1. Es un hilván mediano pasando por la línea de dibujo. En el bordado mixe no se hacen nudos, así que empieza pellizcando la tela y pasando por el mismo punto para fijar el hilo.

2. Entra y sal de la tela sobre la línea del dibujo, procura que los espacios que vayas dejando sean uniformes.

3. Regresa por la misma línea sobre los espacios en blanco para rellenar.

4. Corta el residuo y continúa así hasta terminar el motivo.

5. Para rematar enreda en los hilos por la parte de atrás y corta al ras.

En el caso de las líneas zigzag, haz un lado primero, para regresar por el otro.

1. Del mismo modo, sin nudo, haz primero todas las líneas inclinadas a un lado.

2. Regresa bordando las líneas contrarias.

3. Remata por atrás.

1. El relleno ligero que llevan los bordados se hace con la misma técnica de hilván, una línea junto a otra.

2. Y los colores se bordan uno sobre otro, siempre.

Bordado purépecha

Tzintzuntzan, Michoacán

Recuerdo la carretera a Michoacán. Llegar a Tzintzuntzan después de tanta expectativa hacía que todo se viera un poco más pequeño e increíble. Recuerdo a la gente del lago, familias de tres personas que viven con unos ingresos de entre 50 y 300 pesos dependiendo de "qué tan buenos andan los peces". La pesca con red es importante en Tzintzuntzan y, aunque busqué parecidos con el bordado, no tenía mucho que ver. La pesca es cosa de hombres, mientras que la venta de pescado y el bordado son cosa de mujeres.

Pasamos mucho tiempo viajando por carretera, el paisaje rodeado de cerros, más bien montañas pequeñas, pero eran montañas cubiertas de flores no de árboles, como si los árboles les quedaran chicos o las flores en Michoacán fueran muy grandes. Los cuervos parecen ser bastión negro entre las nubes blancas, miles de ellos picando aquí y allá, con un pícaro "cruac" que me sonaba a hurto.

Tzintzuntzan, cuyo nombre significa 'lugar de colibríes', fue una de las capitales purépechas más importantes durante la época prehispánica. Resistió diversos intentos de conquista por parte del imperio azteca, lo que le dio el título de señorío y llegó a tener 40.000 habitantes. Hoy es cuna de flores, peces y un tipo de bordado que no puede ser más lindo. Pero yo no llegué a quedarme en Tzintzuntzan, sino que me quedé en Ichupio, un poblado que está muy cerca, donde vivía Veva con su esposo y su hija Guadalupe, de dos años y ocho meses, como ella misma repetía puntualmente cada vez que se le presentaba la ocasión.

Dormíamos en una toje, una cabaña muy grande con un horno de pan en el sótano. Cuando hacía frío hacían pan y así entraban en calor. Igual que había cuervos en el camino, por la noche, había nubes de murciélagos. Y a la tercera noche acabé acostumbrándome al chillido. Muy temprano, cuando el señor Iván volvía con la pesca, bajábamos con Veva a Tzintzuntzan a que vendiera el pescado mientras me enseñaba a bordar. Punto aquí, punto allá, risas. Pedro nos compraba café, yo les regalaba hilos perlé a las bordadoras vendedoras, les gustaba mucho y empezaron a incluirlo en sus trabajos.

La lengua que se habla en la región es el purépecha y presenta características muy peculiares, que la clasifican como una lengua aislada, pues no tiene etimología común con ninguna otra lengua que se habla o se habló en México. Se dice del purépecha que suena como el canto de una tortolita e, igual que la gran parte de las lenguas del país, está en vías de desaparición.

En el bordado purépecha no importan mucho los nudos en el revés. Puedes hacer un nudo discreto para sostener el punto y no pasa nada. Es algo que me gusta, lo pienso como un nudo de tortolita porque en Tzintzuntzan los nudos están bien.

El pínandini y el pínasku son puntos de relleno. El misiri, el uni y el juramuti son puntos ornamentales. Para la muestra de estos puntos usaré hilo mouliné 3/6, aguja con y sin punta. Aunque en Michoacán les gustó tanto el hilo perlé que compartí que no dudo que, dentro de poco, el hilo usado en las piezas sea este.

Las puntadas de relleno purépecha funcionan bastante bien, pues son puntos fáciles de hacer y sirven para cubrir un área en poco tiempo.

PUNTOS
Pínandini
(silencio)

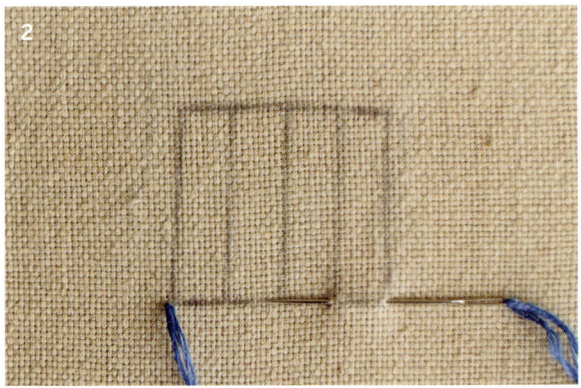
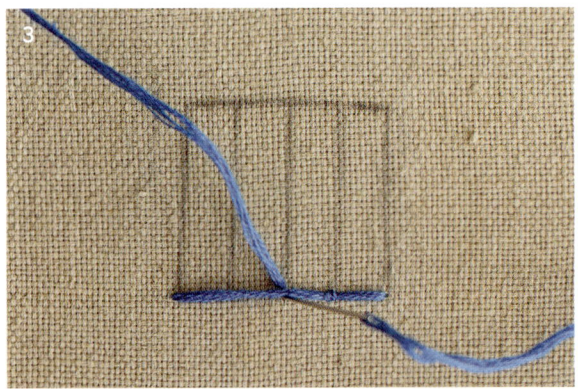
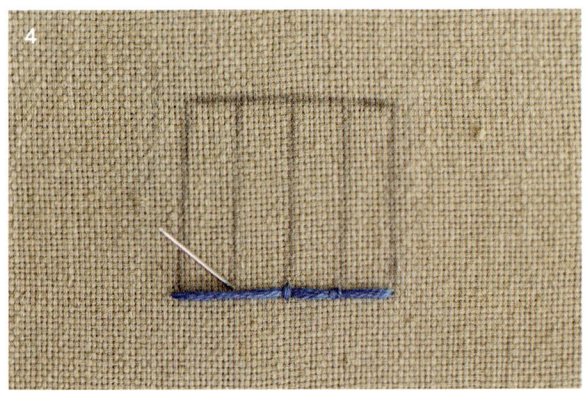
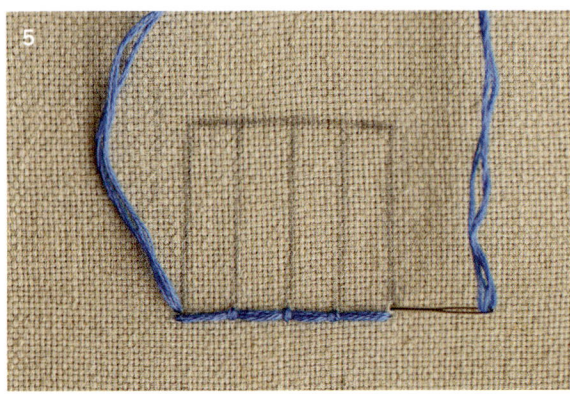

1. Para este punto de relleno dividiré el área a cubrir en columnas que marcarán los sitios donde vendrá la marca de cada puntada.

2. Con una aguja con punta, sal de la tela y entra pellizcándola hasta la primera columna.

3. Entra en la siguiente abrazando la primer puntada y saliendo por arriba para abrazar.

4. Este vaivén se trabaja sobre la primera puntada larga. Sirve para fijarla y darle textura.

5. Al terminar de fijar sobre el punto inicial, saca otra puntada larga junto a la primera y regresa fijando. Es como un hilván sobre un punto largo.

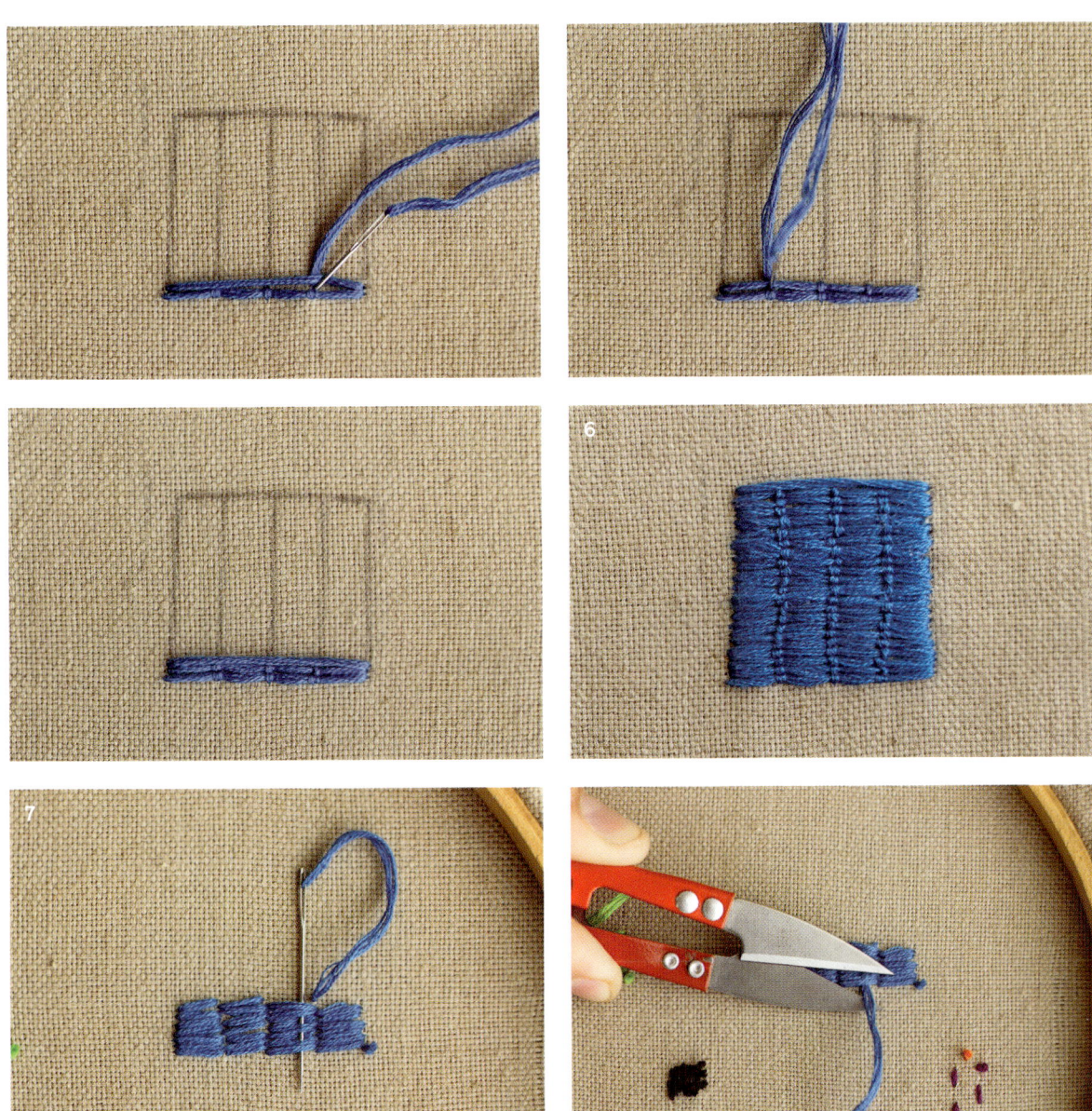

6. Continúa así hasta llenar la figura.

7. Remata escondiendo el hilo en el revés y corta al ras.

Pínasku
(silencio)

Este punto es muy similar al pínandini, es más bien una variante. De hecho, pínandini y pínasku son dos palabras distintas para referirse al silencio.

A diferencia del pínandini, esta vez las columnas son en diagonal. El punto funciona básicamente igual.

1. Las diagonales, al igual que las columnas, señalan los sitios donde vendrá la marca de cada puntada.

2. Con aguja con punta, sal de la tela y entra pellizcándola hasta la primera diagonal.

3. Entra en la siguiente abrazando la primera puntada y saliendo por arriba para abrazar.

4. Es el mismo vaivén del pínandini, que sirve para fijar y dar textura.

5. Al terminar de fijar sobre el punto inicial, saca otra puntada larga junto a la primera y regresa fijando.

6. Este punto dibuja un patrón secundario sobre el relleno.

7. Continúa así hasta llenar la figura.

Misiri
(chispas de fuego)

Este punto va muy bien para usarlo en pétalos, hojas e incluso solo, ya que es simple y elegante.

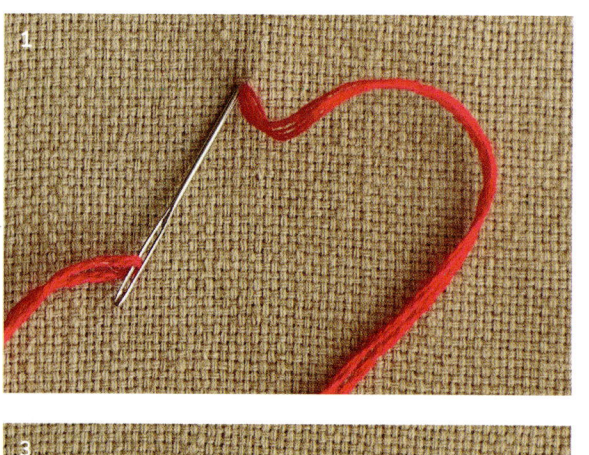

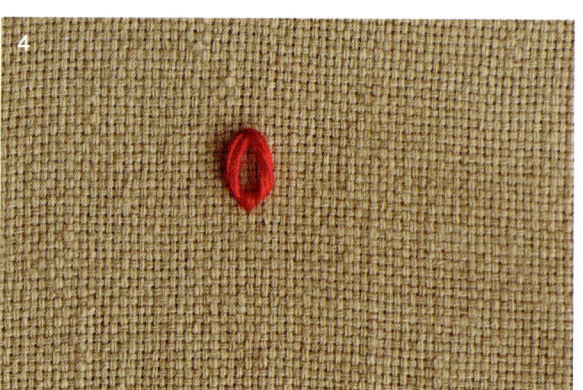

1. Sal de la tela con una aguja con punta.

2. Entra en el mismo punto por el que saliste y, antes de que cierre la puntada, sal a la distancia del tamaño que quieras que sea tu misiri.

3. Entra en el mismo punto por donde saliste pero abrazando el hilo para fijar.

4. No aprietes mucho la puntada, pues se puede perder la forma de gota. Puedes acomodar el hilo con cuidado con el ojal de la aguja.

Uni
(hueso)

Existe una familia de puntos que se llaman "puntos de cimiento". Este tipo de puntos no se trabajan directamente sobre la tela. Se borda un cimiento, que varía de punto a punto, y sobre este se trabaja la puntada.

1. Para el uni el cimiento es una línea de puntadas paralelas simples que se realizan con aguja con punta. Haz la puntada tan corta o tan larga como quieras.

2. Cambia a aguja ciega. Cambiaré de color para hacer más clara la explicación, pero si quieres que no se note el cimiento es mejor mantener el mismo.

3. Sal a unos tres milímetros del primer cimiento y abrázalo por abajo y hacia arriba.

4. Mantén el hilo de trabajo siempre en la parte inferior.

5. Abraza el mismo cimiento, esta vez por arriba, y cierra la puntada lentamente.

6. Verás como el hilo de trabajo se va cerrando dándole forma al nudo que conforma el punto en cada cimiento.

7. Pasa al punto base que sigue y abraza hacia arriba para volver a empezar la puntada.

8. Sigue así hasta terminar toda la franja.

9. Al terminar atraviesa la tela a tres milímetros del último punto y remata por atrás. En ningún momento se atraviesa la tela con la aguja ciega, excepto en el punto inicial y el punto final.

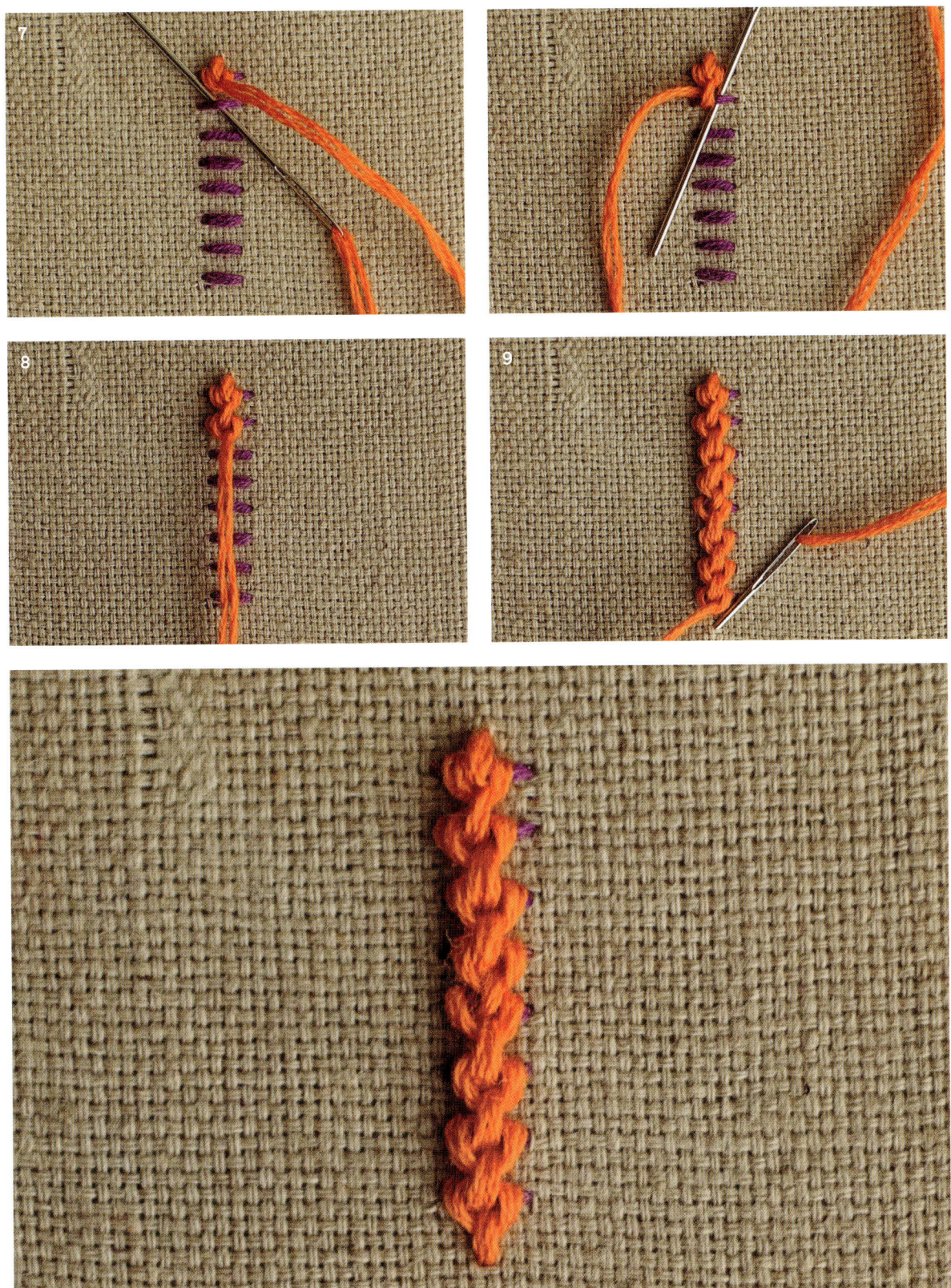

Juramuti
(jefe)

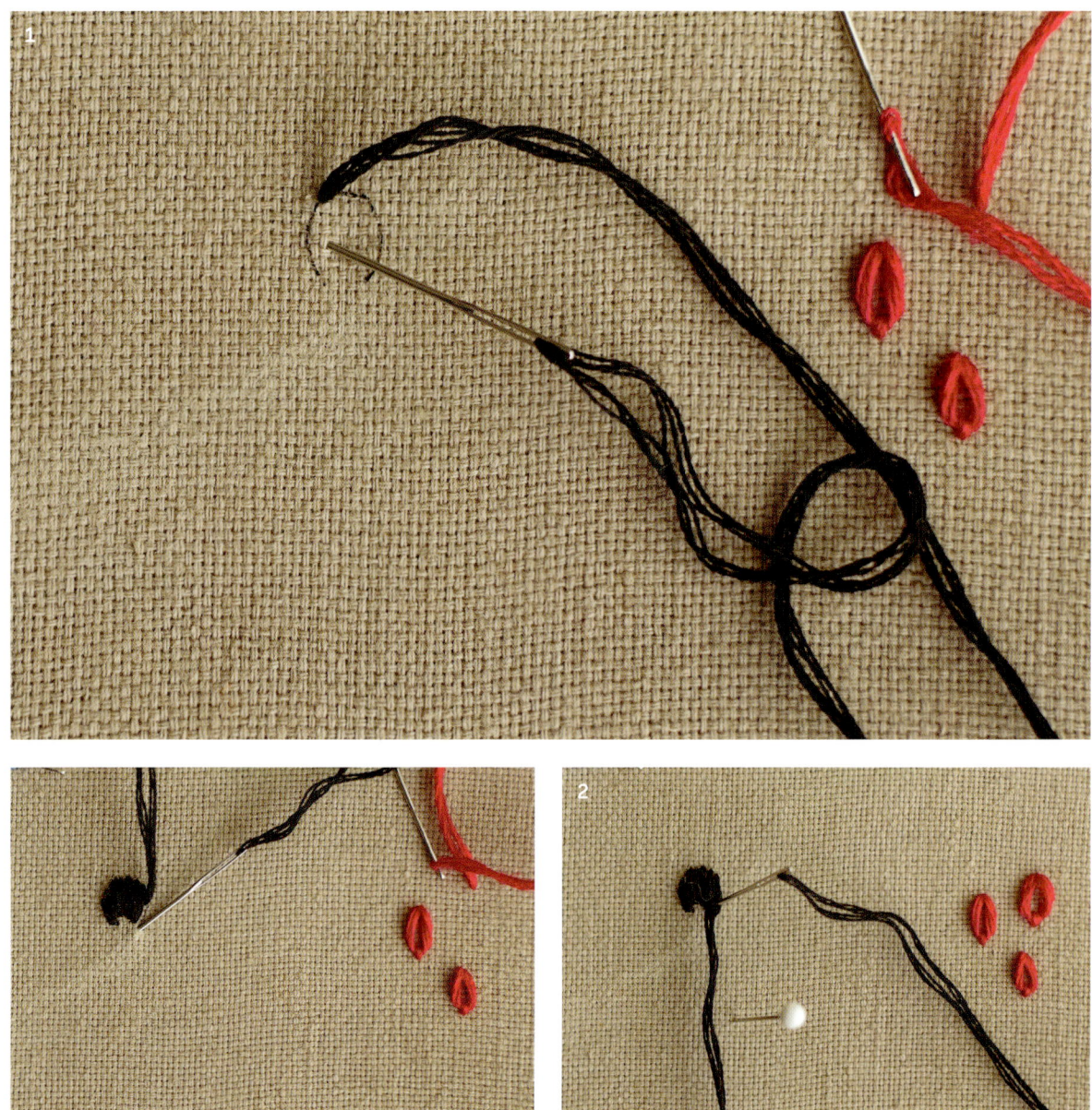

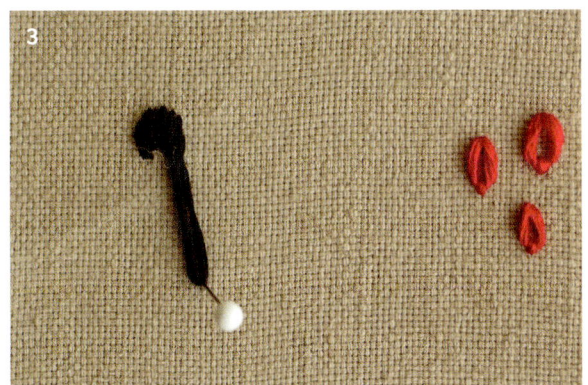
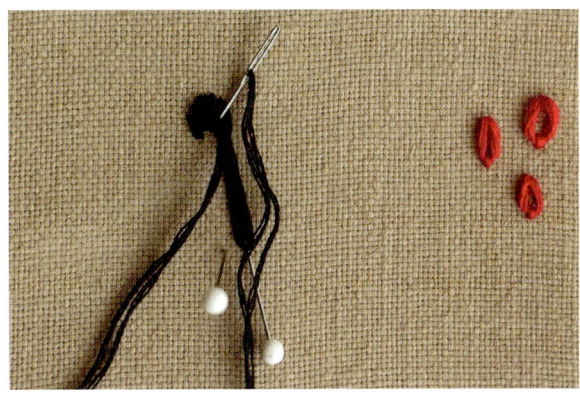

1. Haz la parte de la cabeza con relleno normal.

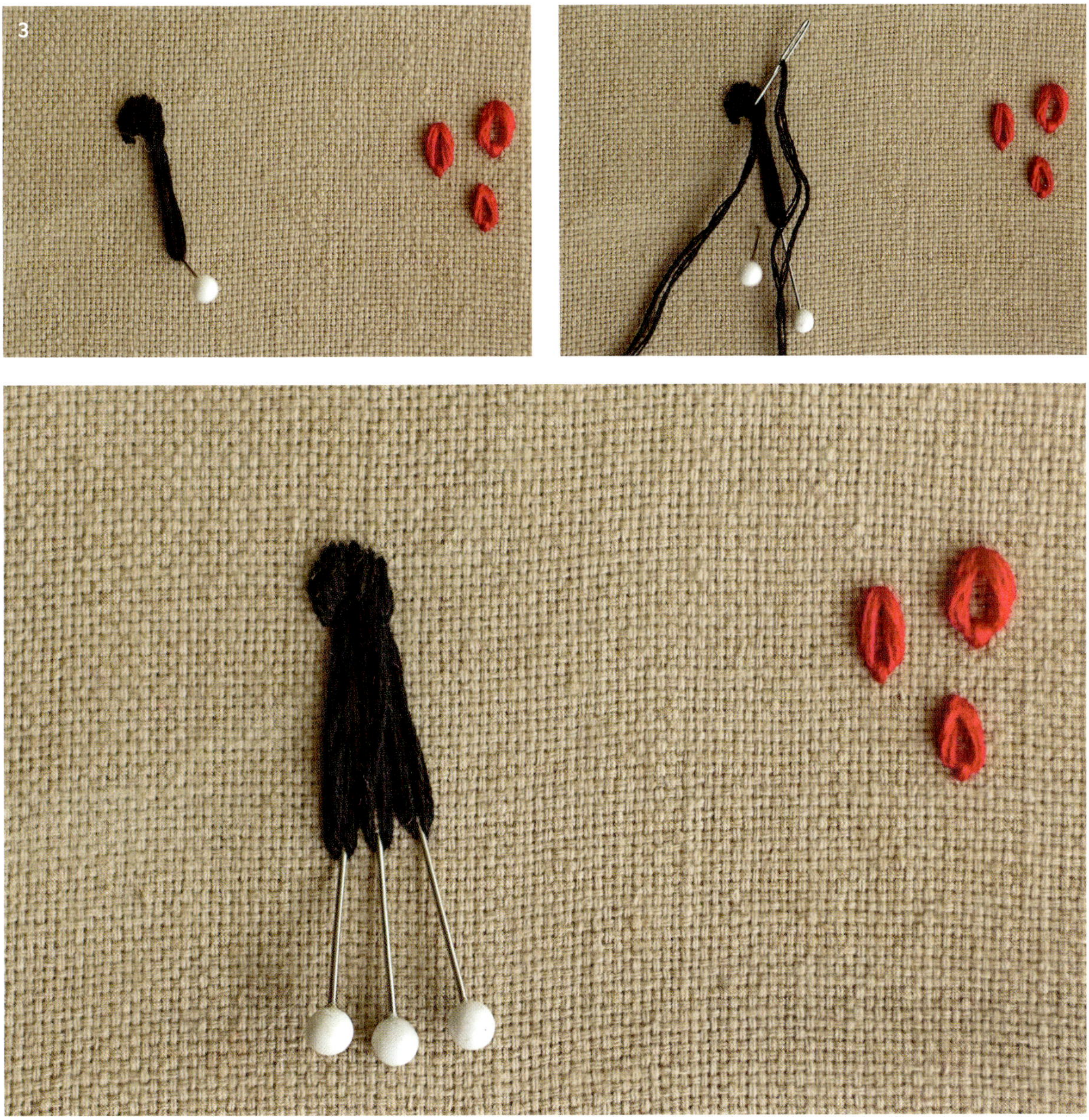

2. En la base de la cabeza y como si fueras a sacar más puntadas de relleno, saca puntos largos sin atravesar la tela ni apretar la puntada.

3. Puedes ayudarte de alfileres para ir deteniendo los puntos.

4. Saca así varios puntos, que serán el cabello, y remata con cuidado.

5. Ve quitando los alfileres y corta los puntos para abrirlos en dos hebras. Peina un poco con una aguja y separa los puntos en tres hebras gruesas para hacer una trenza normal de tres.

6. Al final fija con un hilo del mismo color o escoge uno que contraste.

La trenza quedará como un punto flotante.

Bordado lavín
Ciudad de México

"El bordado, un buen bordado, es y debe ser considerado una obra de arte."

Son palabras de la artista y restauradora Trinidad Morcillo Raya, nacida en Granada en 1891. Fue una de las primeras artistas textiles tal y como las concebimos ahora y maestra del taller de labores y encajes de la Escuela de Artes y Oficios Artísticos de Granada. A su trabajo no lo llamaba bordado, sino "litografías a la aguja".

El bordado lavín es considerado un tipo de bordado erudito por su nivel de complejidad. *Lavín* es una variante del apellido zaragozano Lausín. En España más bien se conoce como bordado lausín, pero al llegar a América es cuando muda a bordado lavín. Cualquiera de los dos términos es correcto.

En México existió la tradición del bordado lavín durante el siglo XVIII. En Las Vizcaínas, el Colegio de San Ignacio de Loyola de origen vasco, se enseñaba este tipo de trabajo aplicado a los pañuelos de cortejo, en los que las señoritas usaban el cabello del novio para aceptar una propuesta de matrimonio formal.

En China, el bordado con cabello se remonta a la dinastía Tang (618-907), cuando las mujeres bordaban imágenes de Buda como ofrenda de piedad. Este tipo de trabajo se llamaba bordado moxiu, que significa 'negro'.

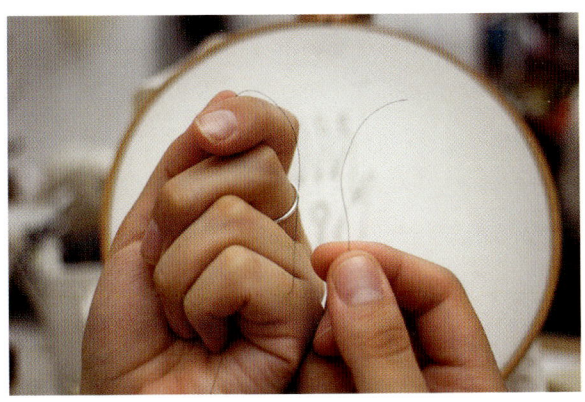

El bordado lavín normalmente se presenta en piezas monocromas, a menos que se matice con canas u otros tonos de cabello. Desde que el cabello se desprende del cuero cabelludo empieza a perder queratina. Esto lo vuelve menos elástico y con el tiempo se adelgaza y se torna quebradizo hasta que es imposible usarlo para bordar. Un cabello sano mantiene su plasticidad y elasticidad durante un año, año y medio. Después, las paredes capilares se debilitan y el cabello pierde estructura volviéndose quebradizo e inservible para bordar.

Un buen modo de almacenar el cabello para utilizarlo en la costura es trenzarlo. Si bien esto puede rizarlo un poco, así se conserva mejor que de cualquier otro modo.

Para empezar cepilla bien todo el cabello. El cepillado hará que sea más fácil de manipular, desde el inicio del trenzado hasta el bordado. Primero habrá que reconocer qué tipo de cabello tenemos para saber aproximadamente qué cantidad podemos cortar y de dónde. El cabello no crece uniforme en toda la cabeza y hay que identificar las zonas donde es más abundante.

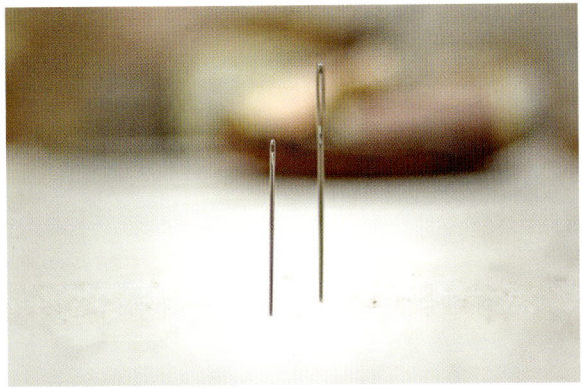
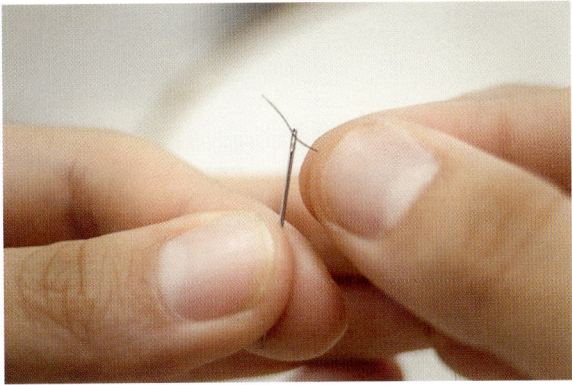

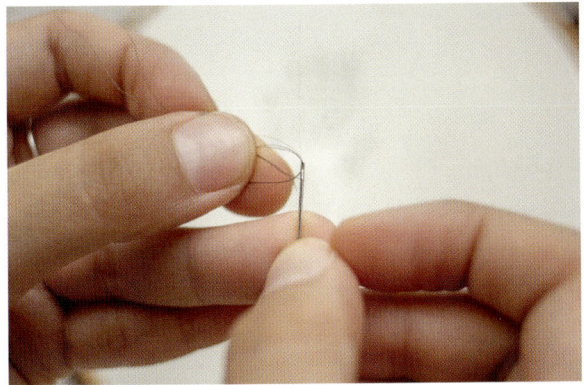
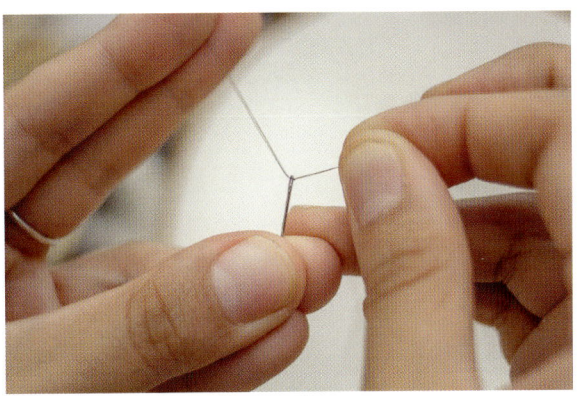

Yo prefiero cortar mechas de la base de la corona, pues se oculta fácilmente con el cabello que cae. Esto varía de persona a persona. Asegúrate de que cortas de la parte estratégica si no quieres que se note después.

Escoge al tacto y por color una mecha y asegúrala con una goma elástica pequeña, dejando aproximadamente una pulgada y media (unos cuatro centímetros) de margen respecto a la cabeza para cortar bien.

Haz una trenza clásica de tres pasos, que esté suelta para que no marque mucho el cabello. Asegura el final con otra goma.
Corta con cuidado en el margen de la pulgada que dejamos al inicio. Haz esto frente a un espejo. Nota: no trences con el cabello húmedo. Cuando el cabello está mojado es un 50 % más elástico y maleable, así que se rizará muchísimo.

Hay gente que trata el cabello químicamente después de cortarlo para usarlo en el bordado. Se acondiciona, tinta y fija. Yo prefiero usarlo tal y como viene. No tengo problemas si el cabello ha sido tratado por la propia persona, pero no lo modifico una vez me lo han dado. Lo prefiero así como acto simbólico. Por eso lo llamo bordado vivo.

En el bordado lavín lo importante, más allá del punto, es la técnica. Es un tipo de trabajo que exige una factura impecable o, de lo contrario, se ve mal hecho, no hay término medio.

Para bordar con cabello es recomendable usar una aguja de ojal corto. Personalmente, para bordar prefiero las de ojal largo, pero el ojal corto me ayuda a asegurar el cabello.

Siempre engarzo del folículo a la punta y no hago nunca nudo final. Así que para fijar el cabello a la aguja y poder trabajar hago un nudo a nivel del ojal. El cabello es tan fino que este nudo no impide el paso de la aguja por la tela.
Para empezar tomo un par de hilos de la tela y paso por el mismo sitio para fijar el punto.
A partir de aquí empiezo a delinear con paso atrás (punto ya explicado en el capítulo dedicado al bordado tenango). Siempre delineo toda la figura previamente y después decido dónde y cómo rellenar.

La puntada que uso para este tipo de relleno es la misma que se usa en el bordado de pensamiento. Habrá que poner atención en los grosores y tipos de cabello, pues los hay de distintos tipos en una misma persona, y esto afecta el color.

En el bordado lavín la teoría del color es sumamente interesante. Una de las maneras de matizar, incluso en piezas monocromas, es por saturación de color y para esto las canas son ideales. Una cana no es realmente un cabello blanco, sino que en realidad es un cabello vacío de color, un cabello transparente. Existen distintos tonos de canas porque los melanocitos (las células encargadas de producir melanina) disminuyen su actividad o mueren. Un cabello totalmente blanco en realidad es solo un cabello que refracta la luz. Por eso el mejor tono para matizar un cabello son sus propias canas.

Se puede hacer así o por selección de color. En cualquiera de los dos casos hay que escoger cabello por cabello y diseñar cada aguja enhebrada con tantos cabellos de uno u otro color para un degradado sutil o para generar contrastes.

En el bordado vivo la gradación cromática es limitada pero muy rica. Cuando el cabello no está tratado, el color es perenne.

Pienso en el bordado vivo como en un modo para cambiar la percepción del mundo al alcance de la vista por medio de la aprehensión. Cada línea que dibujo reforma la figura de la tela y, al mismo tiempo, redibuja la imagen en mi mente. Es una imagen viva, mutable en la creación y habitada en cuerpo y en concepción. La imagen bordada redibuja el modelo, cambia mi capacidad de percepción. La traduce, la reestructura y la habita. A cada punto extraigo un ser diferente. Es evidente que el acto de dibujar mezcla la percepción, la memoria y el sentido que cada uno tiene del yo en la vida. Un bordado representa más que su tema real. El bordado es dibujo textil y corporal. Todo dibujo representa un testimonio de tiempo, de cuerpo y de vida. El bordado registra el modo cómo se vive el mundo, y el material se convierte en el medio por el que se vive.

Composiciones a partir de la textura

Hay dos tipos de trabajo artesanal: el de certeza y el de riesgo. En el primero, la calidad del producto final viene estructurada desde el inicio del proceso de creación y la mano no puede afectar su estructura mecanizada. En el segundo, existe la libertad del accidente, la inexperiencia y la probabilidad de que el creador eche a perder el trabajo. Las grandes obras de arte existen gracias al trabajo de riesgo y es sobre este que baso mi trabajo. Las composiciones en torno a la textura se basan en esta probabilidad, pues la textura gestual es el resultado del trabajo de riesgo en la costura.

Por supuesto que el trabajo de certeza existe en el bordado a mano. Tenemos esquemas, se puede contar en cada punto, los bien conocidos reveses perfectos son fruto de este tipo de labor. Hay piezas innegablemente imponentes, de una factura impecable. Pero incluso aquí, en este libro, el riesgo siempre está presente. Incluso en el lógico y contundente bordado mazahua, también existe el riesgo. Pienso que está incluso en la propia concepción de la pieza, en la mente y en nuestro cuerpo. A fin de cuentas, el bordado a mano puede ser una extensión del propio cuerpo.

Al principio del libro hablo del bordado como una imagen. Es un trabajo de línea, como el grabado o como el dibujo, ya que el bordado es gráfico. Pero hay un elemento que hace que el bordado sea una técnica particularmente sensorial. Percibimos la textura a través del tacto, es una invitación a la caricia. Incluso en el registro fotográfico del bordado, la textura es fundamental y esta riqueza táctil es uno de los elementos más difíciles de reproducir en la fotografía.

El riesgo implica incertidumbre, descontrol y, con ello, el miedo inherente a toda exploración. Pienso en el bordado a mano como en una inmersión táctil, en la que la mano explora, investiga y toca de un modo casi independiente. En mis procesos de trabajo, la producción artística es investigación anímica, plástica y conceptual. Mediante el bordado se desarrolla una experiencia y un conocimiento no verbal.

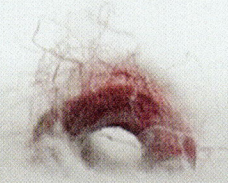

La composición únicamente a partir de la textura es un trabajo muy rico, pues se realiza a través del tacto, del ritmo, del color y de la forma, sin ninguna pretensión de figuración más allá del deseo de continuación. De este modo se entabla un diálogo con la pieza y se aprenden nuevos modos de escuchar para saber parar o saber por dónde ir. El bordado es la única técnica que al desbordarse... desaparece.

En la creación textil, el riesgo se respira en la atmósfera y uno se olvida de que está bordando. Es sumergirse en una base abstracta, una sustancia general, un nudo abierto. En el bordado, la mente necesita relajarse momentáneamente para dar espacio a un modo corporal de exploración. Todos los materiales tienen información táctil.

El tacto del papel de algodón es muy distinto al de un papel fino de arroz, pero el textil es el más rico y amplio en cuanto a la plasticidad de la imagen.

Es importante que la paleta de color esté muy bien escogida para que no compita con la textura, que es un elemento más sutil. Es como evitar sabores fuertes antes de probar algo muy delicado. De hecho, el color es el elemento más dominante en una imagen.

En el bordado de riesgo el punto aparece en la tela al mismo tiempo que se dibuja un mapa mental de la pieza con la mano como mediadora. Resulta imposible saber qué aparece primero, si el punto o el instante de intención. Las manos hablan y escuchan al mismo tiempo en el toque, en la caricia, en el pinchazo, en el silencio.

PUNTOS
Musgo

El punto de musgo es un tipo de relleno con puntos individuales de alto relieve. Para lograr este alto relieve suelo usar hilos para tapicería, pero también puedes ayudarte de una aguja o un alfiler para dar forma al punto.

Cuando bordes piensa en cada punto individualmente, como si fueras posando cada uno sobre la tela.

1. Entra y sal de la tela rellenando con puntos mínimos.

2. Usa la aguja para ayudarte a darle forma y un poco de volumen.

3. Fija con un punto o dos cerca y a ras de la tela. Saca la aguja con cuidado.

4. Continúa así hasta que lo desees.

Ve jugando con tu paleta de color. Si la tienes bien definida desde el principio, no tienes que seguir ningún orden, seguro que se verá bien.

Trenza cortés

La trenza cortés se trabaja de arriba hacia abajo sobre un diagrama de dos líneas paralelas que marcarán los límites de la trenza.

Trabaja con aguja ciega y un pequeño nudo para fijar el tope.

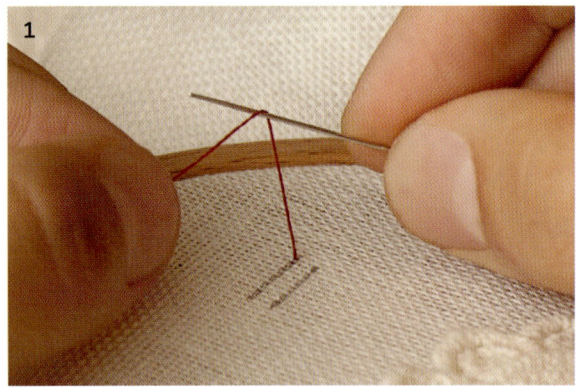

1. Sal de la tela sobre la línea izquierda y con el hilo de trabajo haz un bucle rotando la aguja hacia abajo, tal como muestra la imagen.

2. Atraviesa la tela sobre la línea derecha y sal en la izquierda pellizcando la tela.

3. Pasa el hilo de trabajo bajo la aguja y cierra. Este es el primer punto.

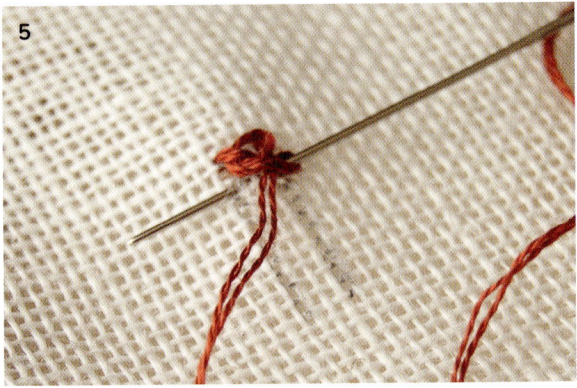

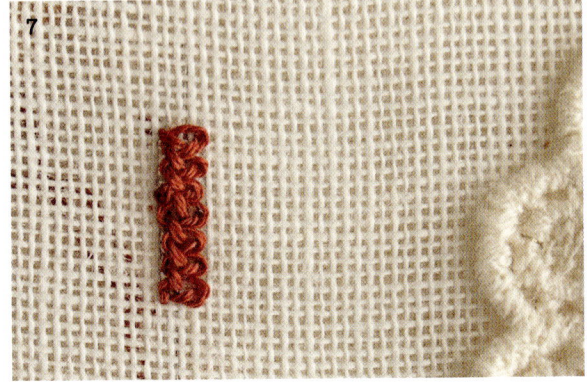

4. Vuelve a tomar el hilo de trabajo con la aguja y haz un bucle rotando la aguja hacia abajo.

5. Pellizca la tela.

6. Pasa el hilo de trabajo bajo la aguja y cierra.

7. Sigue así hasta completar la longitud que quieras.

8. Remata por detrás.

8

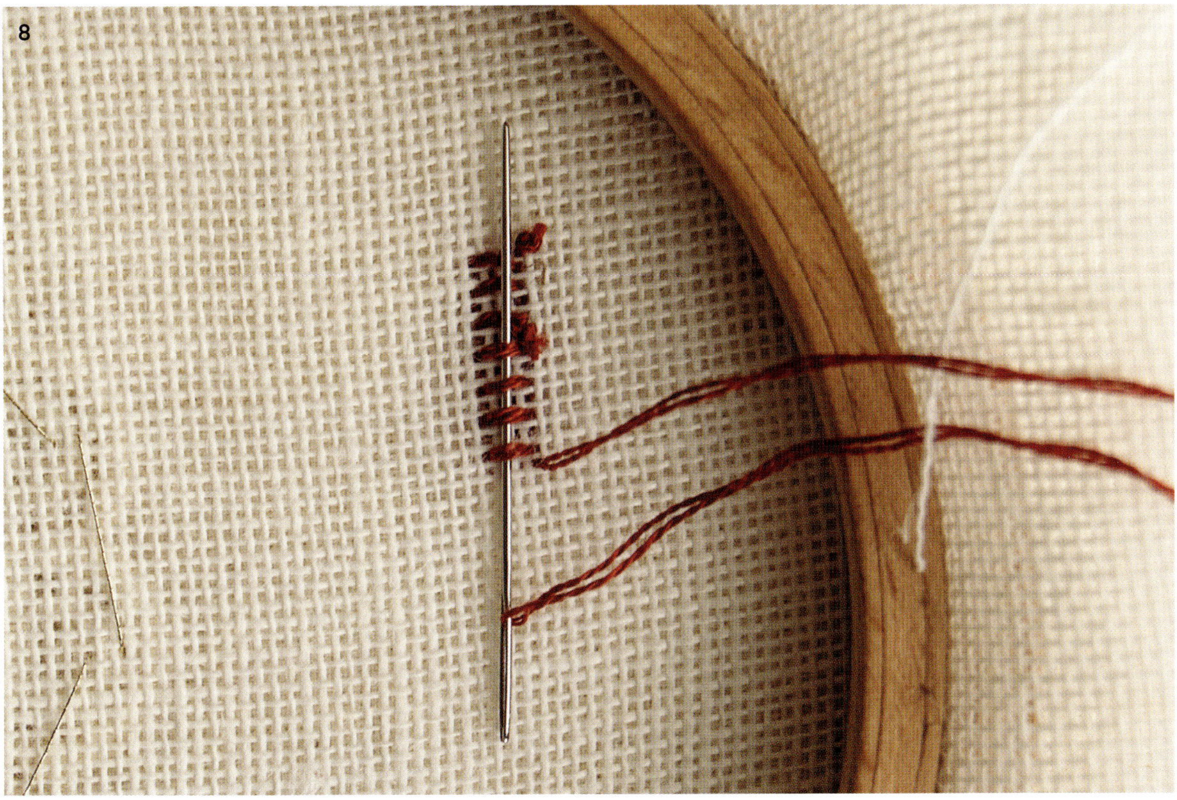

Punto francés

Para hacer este punto me gusta usar una aguja con punta, pero puedes usar cualquiera de las dos.

El tamaño del punto depende del grosor de hebra que estés usando, no de las vueltas que des.

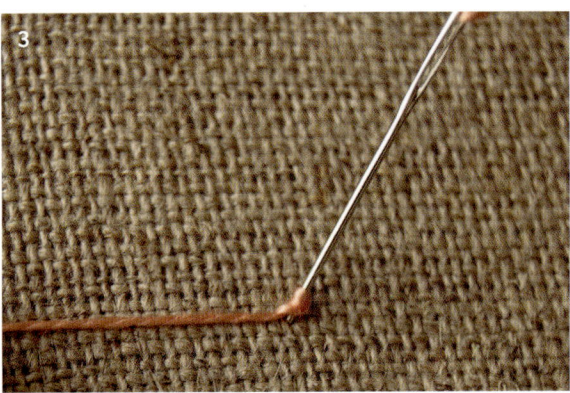

1. Sal de la tela.

2. Pasa el hilo de trabajo sobre la aguja una, dos y tres veces.

3. Atraviesa la tela por donde saliste y deja que la misma puntada recoja el hilo de trabajo que estás sosteniendo.

4. Para que el punto francés salga bien y uniforme hay que mantener firme el hilo de trabajo. Ojo: firme, pero no tenso. La aguja debe deslizarse suavemente y sin problemas.

4

Punto coral

1. Sal de la tela, vuelve a entrar a la misma altura por donde saliste y, formando un triángulo, saca la aguja.

2. De aquí vuelve a repetir el paso anterior.

3. Irás formando "arbolitos".

4. Puedes planear tu puntada para intercalar colores.

177

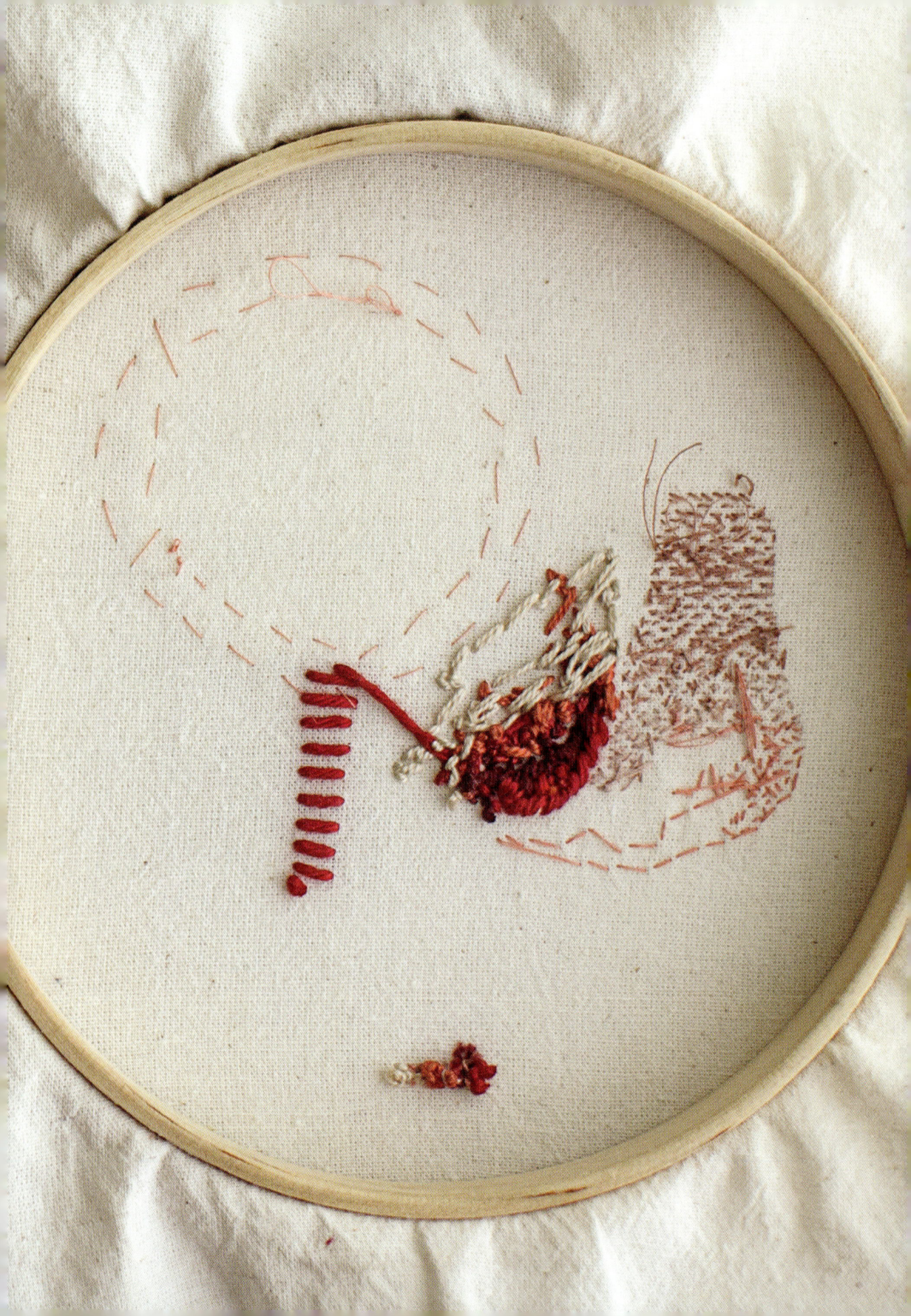

Punto morse

Empecé a hacer este punto buscando algo que fuera sumamente sutil, mínimo. Lo saqué haciendo fotobordado; buscaba un punto que acompañara a la imagen, que se integrara en ella.

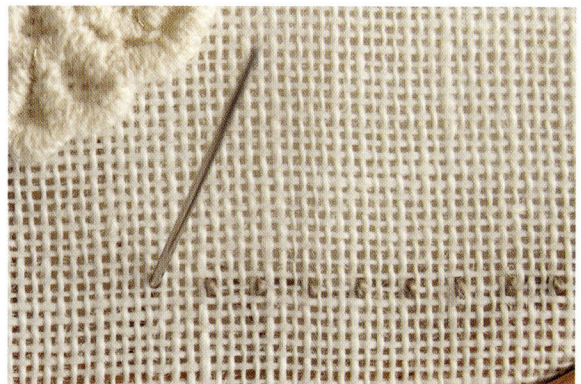 

Se llama así porque me recuerda al código morse. Normalmente lo hago con hilo de costura de seda o con cabello, pero para facilitar la explicación usaré perlé.

Sal de la tela y atraviesa tomando solo un par de hilos, o tres, la medida que te sea cómoda a la vista. Deja el mismo espacio de largo y haz otra puntada.

Es muy sencillo, se trata de salir y entrar en la tela. Lo importante de este punto y del bordado basado en la textura son los espacios. Cuando bordo no tengo presente el hilo y el punto, sino los espacios que voy dejando y así mido. Llevo un ritmo, un espacio, un espacio, dos, un espacio, dos, tres, uno, uno. Es muy intuitivo, casi dejas que sea el hilo el que escoja.

PLANTILLAS

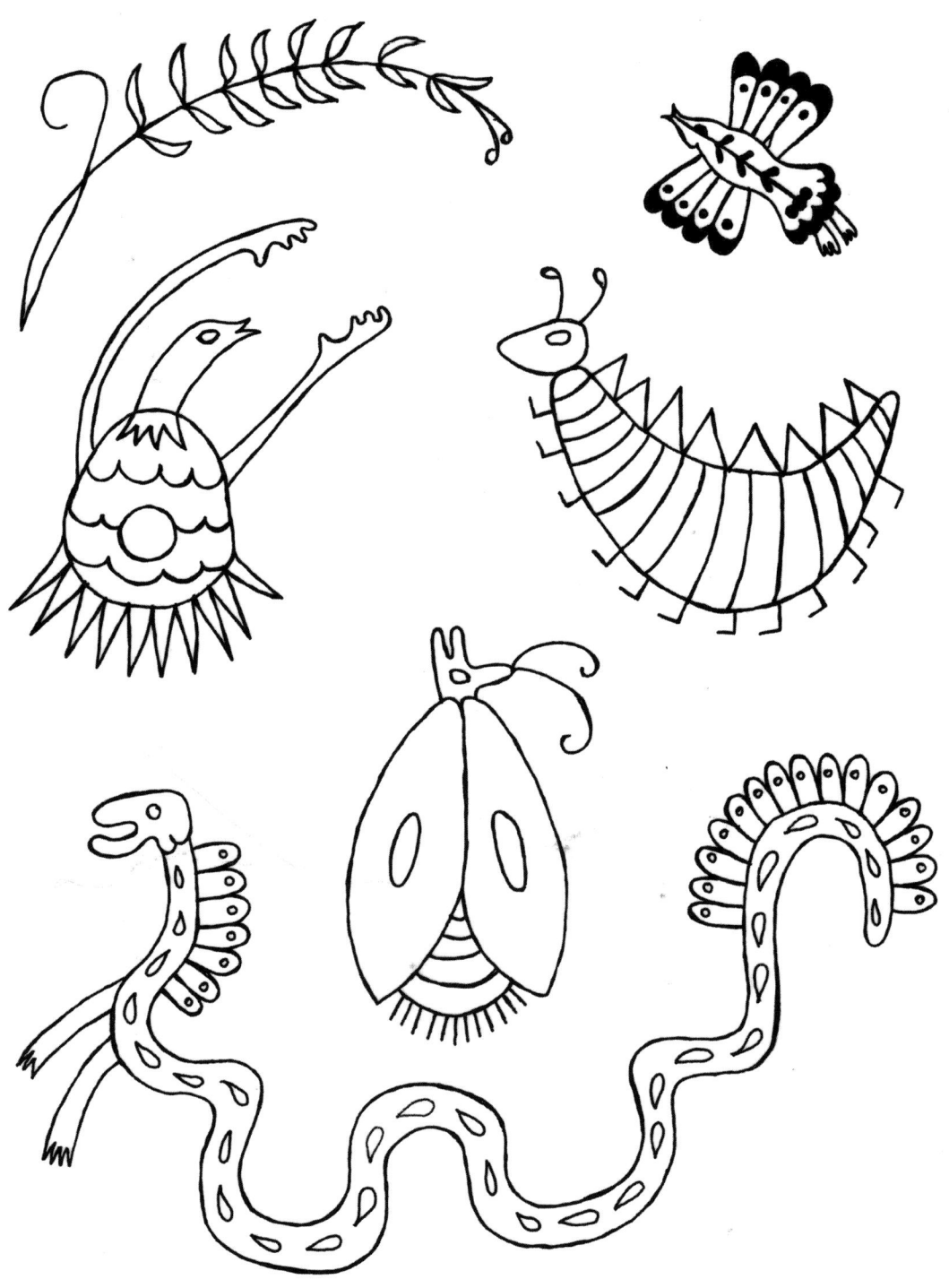

Bordado tenango

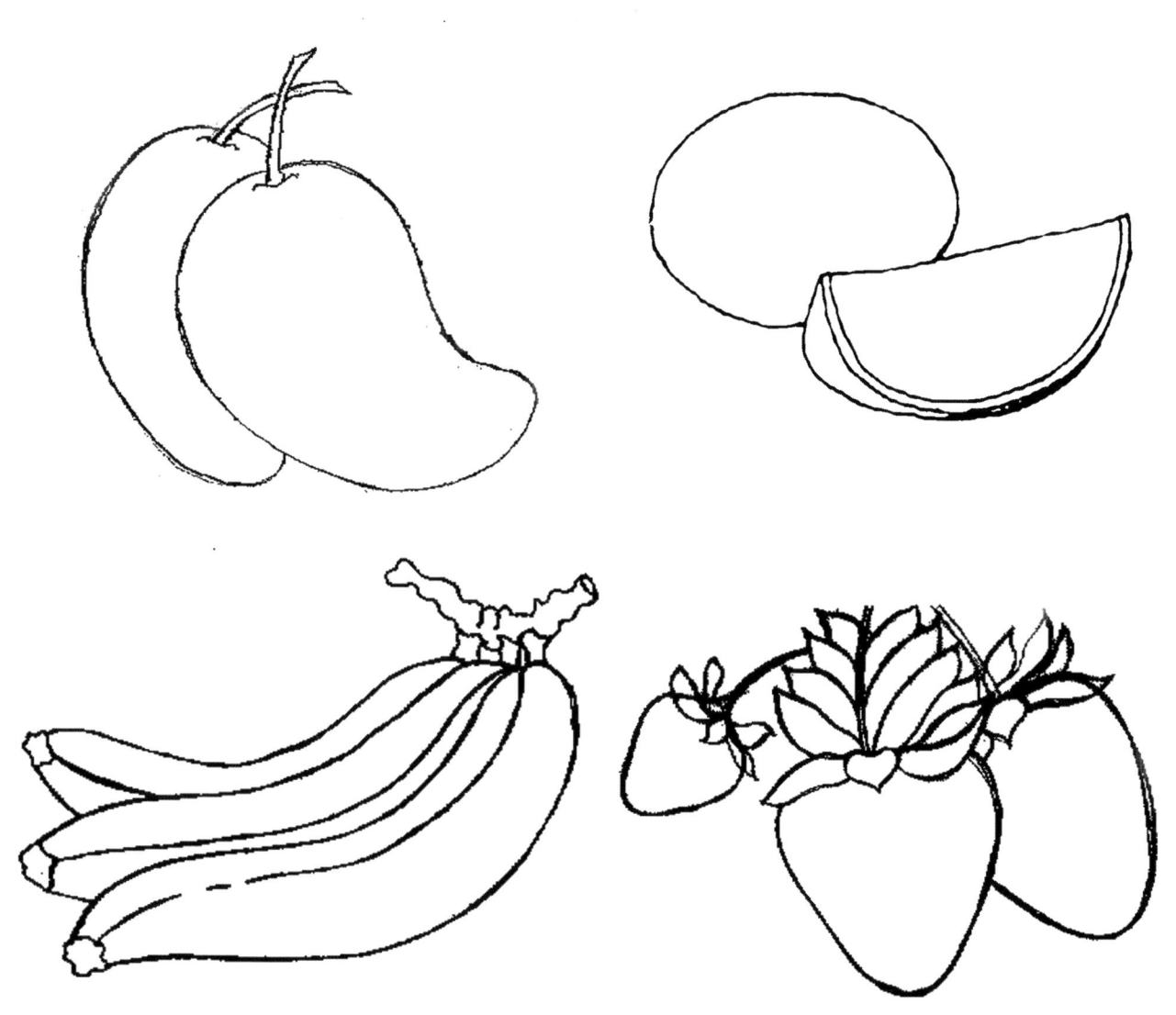

Bordado callejero

Bordado mazahua

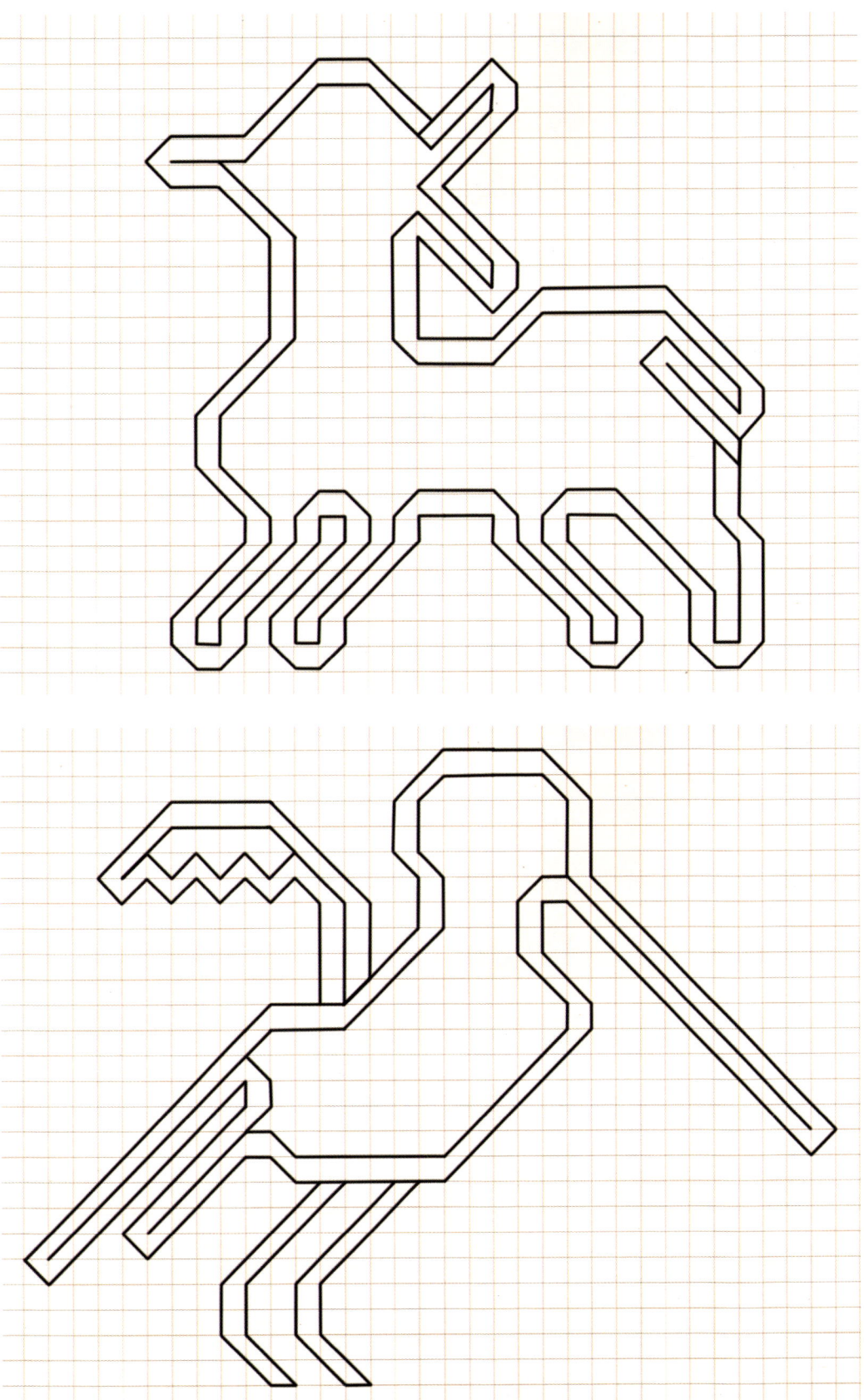

Bordado de pensamiento

Bordado mixe

Bordado purépecha

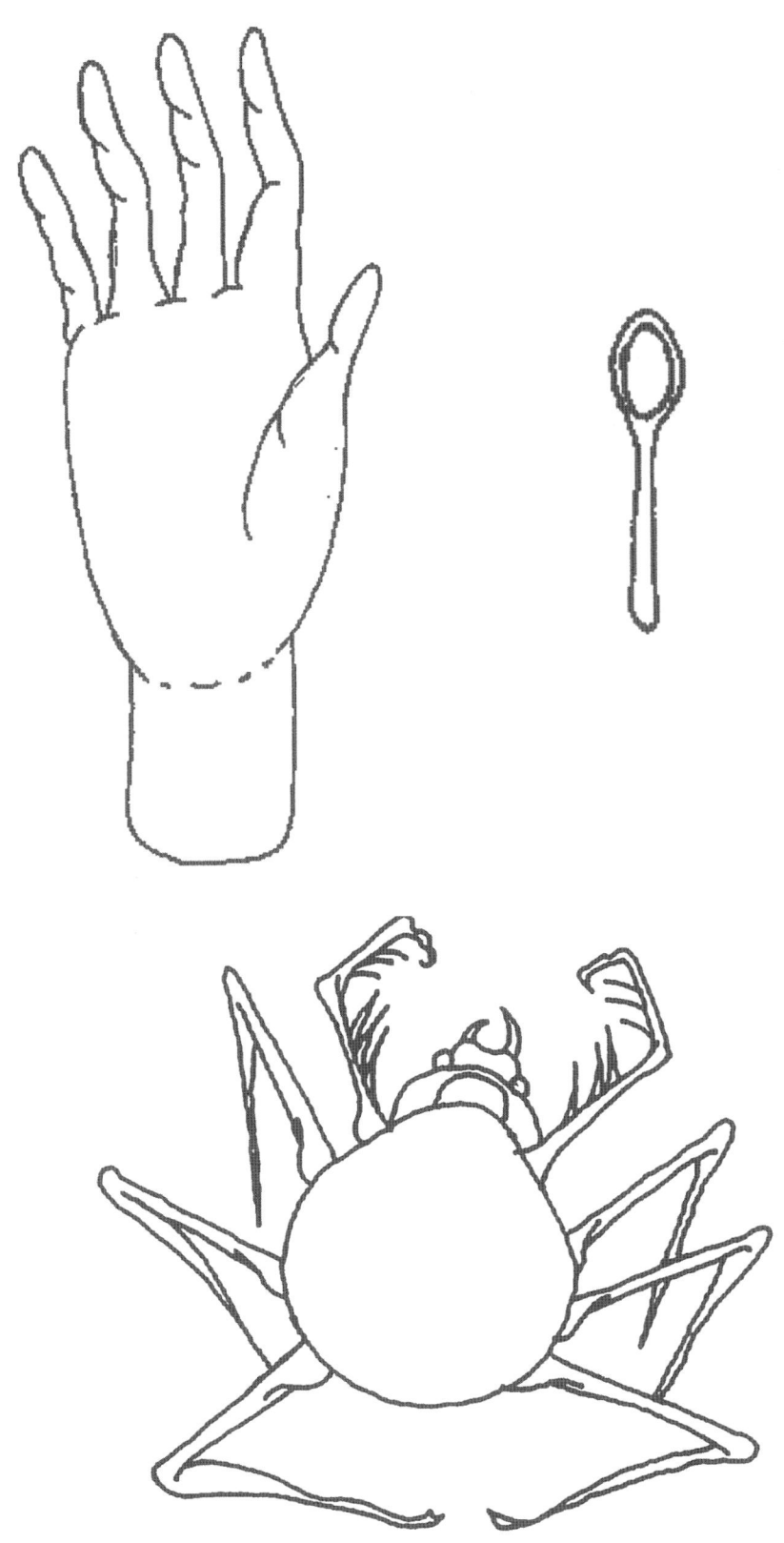

Bordado lavín

Biografía

Gimena Romero es artista e ilustradora especializada en gráfica textil. Nació en la Ciudad de México en 1985 y actualmente vive entre D.F. y Madrid. Licenciada en artes plásticas y visuales por la Escuela Nacional de Pintura, Escultura y Grabado, "La Esmeralda", del Instituto Nacional de Bellas Artes (INBA), realizó parte de la licenciatura en artes en la École Nationale des Beaux Arts de Lyon, Francia. Ha ganado numerosos premios y menciones internacionales como Iberoamérica Ilustra y FILIJ Catálogo de Ilustración Mexicana. En 2010 fue representante cultural de México en Francia con el premio Vargas Lugo y completó su formación textil en Lesage. En 2014 se internó de cófrade aprendiz en bordado con hilos de oro en Sevilla (España) llegando al nivel más alto en la técnica. En 2013 ganó el primer lugar en ilustración por la serie "Petirroja" en el COW International Design Festival de Dnipropetrovsk, Ucrania. Fue seleccionado como uno de los mejores proyectos de bordado a nivel mundial por la Maison Bijoux. En 2015 fue premiada con la beca de Creación Jóven por INJUVE-España para realizar la serie de *Canciones para terminar de otro modo*, dentro del marco de Illustratour 2015. Su trabajo ha sido acogido en diversas exposiciones alrededor del mundo como México, Brasil, Argentina, Francia, Portugal, Ucrania y España. Ama la vida, los perros y las galletas.
www.gimenaromero.net

Agradecimientos

Quiero agradecer con todo mi cariño a Pedro Aragón por prestarme sus ojos y aguantar cada una de las aventuras que implicó la creación de este libro. A Geraldine Padilla y a Julieta Maldonado, que finalmente aprendieron a bordar. A Mónica Beck, por su talento, su cariño y sus acertadas palabras. A todo el querido clan Beck, por ser familia postiza y darme toneladas de cariño.
A Mónica Gili, por su mente de bordadora.
Y, por supuesto, a mis padres y a mi hermano, por asumir todo su papel de bastión y trinchera.

Bordadores que han participado en este libro

Mónica Beck
Julieta Maldonado
Geraldine Padilla
Jan Christian Ferrer
Pedro Aragón
Ana María Rodríguez
Gimena Romero

Relación de nombres y procedencia de los bordados

	REGIÓN	COMUNIDAD	NOMBRE DE LA COMUNIDAD EN LENGUA DE ORIGEN Y SIGNIFICADO	OTROS NOMBRES POR LOS CUALES TAMBIÉN ES CONOCIDO ESTE TIPO DE BORDADO
BORDADO TENANGO	Tenango de Doria, Hidalgo	Otomí	Hñähñu (hablante de otomí)	
BORDADO CALLEJERO	Ciudad de México	bordado desarrollado por la autora		
BORDADO MAZAHUA	San Felipe, Villa de Allende, estado de México	Mazahua	Mazahua (gente venado)	
BORDADO DE PENSAMIENTO	San Antonino C. Velasco, Oaxaca	Zapoteca	Binnizá (gente de las nubes, del espacio exterior)	bordado toninero, bordado de San Antonino
BORDADO MIXE	Santa María Tlahuitoltepec, Oaxaca	Mixe	Ayüüjk (lengua mixe)	bordado tlahui
BORDADO PURÉPECHA	Tzintzuntzan, Pátzcuaro-Zirahuén, Michoacán	Purépecha	P'urhépecha la palabra *p'urhépecha* significa 'ayudante de guerra', lo cual es raro pues era un pueblo imperial. A partir de esto se cree que el término correcto sería *achéecha*. Aunque el término oficial es *purépecha*.	bordado colibrí
BORDADO LAVÍN	Ciudad de México	bordado desarrollado por la autora		bordado lausín, bordado con cabello
COMPOSICIONES A PARTIR DE LA TEXTURA	Ciudad de México	bordado desarrollado por la autora		composiciones en torno a la textura es parte de la investigación textil que la autora ha desarrollado como lenguaje plástico desde hace nueve años